OSHO

Corpo e mente em equilíbrio

Inclui CD de meditação para curar o corpo e libertar a mente

SEXTANTE

O texto deste livro foi selecionado a partir de várias palestras que Osho fez, em público, ao longo de mais de 30 anos. Todas elas foram publicadas na íntegra em texto e também podem ser encontradas como gravações de áudio. As gravações de áudio, assim como o arquivo completo dos textos, estão disponíveis on-line na Biblioteca OSHO – http://www.osho.com

Agradecimentos especiais pela contribuição de muitos amigos para a produção do áudio, "Lembrando-se da linguagem esquecida para falar com o seu corpo-mente". Agradecimentos também a Veet Marco pela composição e interpretação da música, tão intuitivas e solidárias com este processo, a A. Racily, pela tradução e gravação da versão em língua portuguesa, e a Antar Alok, pela produção e engenharia de som.

tradução: Denise Delela
preparo de originais: Carlos Irineu da Costa e Eliane Azevedo
revisão: Luis Américo Costa e Sérgio Bellinello Soares
projeto gráfico e diagramação: Valéria Teixeira
produção do CD: Carlos Irineu da Costa
locução do CD: A. Racily (racily.cursos@yahoo.com.br)
capa: Miriam Lerner
pré-impressão: ô de casa
impressão e acabamento: Associação Religiosa Imprensa da Fé

CIP-BRASIL. CATALOGAÇÃO-NA-FONTE
SINDICATO NACIONAL DOS EDITORES DE LIVROS, RJ

O91c Osho, 1931-1990
Corpo e mente em equilíbrio / Osho [tradução Denise Delela].
– Rio de Janeiro: Sextante, 2008.

+ CD

Tradução de: Body mind balancing

"Inclui CD de meditação para curar o corpo e libertar a mente"

ISBN 978-85-7542-349-3

1. Corpo e mente. 2. Corpo e mente (terapia). 3. Meditação.
4. Vida espiritual. I. Título.

CDD 158.1
07-4562 CDU 159.947

GMT Editores Ltda.
Rua Voluntários da Pátria, 45 – Gr. 1.404 – Botafogo
22270-000 – Rio de Janeiro – RJ
Tel.: (21) 2286-9944 – Fax: (21) 2286-9244
E-mail: atendimento@esextante.com.br
www.sextante.com.br

SUMÁRIO

AVISO AO LEITOR

Os conselhos e ensinamentos apresentados aqui não se destinam a substituir os cuidados de um médico, de um terapeuta ou de um psiquiatra. O livro também não pretende fornecer uma alternativa para o tratamento com um profissional da área médica nem oferece diagnóstico ou tratamento para quaisquer problemas clínicos ou psicológicos específicos que você possa ter. Algumas das meditações incluem atividades físicas exaustivas. Se você tiver qualquer razão para se preocupar com os efeitos dessas atividades sobre a sua saúde, consulte o seu médico antes de realizar as meditações.

PREFÁCIO

O corpo é a parte visível da alma. A alma é a parte invisível do corpo. Não se pode separar a alma do corpo; eles fazem parte um do outro. São partes de um todo. É necessário aceitar o corpo, amar o corpo. É preciso respeitar o corpo, ser grato por ele e ser grato a ele.

O corpo é o mecanismo mais complexo que existe. Ele é simplesmente maravilhoso!

Abençoados são aqueles que podem se deslumbrar com isso.

Comece a se maravilhar com seu próprio corpo, porque ele é o que está mais próximo de você.

Através do seu corpo a natureza se aproxima mais. Deus chega mais perto. No seu corpo se encontram a água dos oceanos, o fogo das estrelas e do sol, o ar e a terra. Seu corpo é feito da terra. Ele representa toda a existência. Todos os elementos residem nele. Que transformação! Que metamorfose! Olhe para a terra e depois olhe para seu corpo. Que transformação! E você nunca se maravilhou com isso antes? O pó da terra se tornou divino – é possível um mistério maior que esse? Você espera algum milagre maior que esse? E esse milagre acontece todos os dias: da lama brotou a flor-de-lótus e do pó da terra surgiu a beleza que é seu corpo.

Um tipo completamente novo de educação é necessário neste mundo: uma educação por meio da qual todos sejam apresentados aos silêncios do coração – em outras palavras, à meditação – e todos sejam preparados para ter compaixão pelo próprio corpo. Se uma pessoa não tiver compaixão por seu próprio corpo, não sentirá compaixão por nenhum outro. Trata-se de um organismo vivo, que não lhe fez qualquer mal. Está a seu serviço desde que você foi concebido e permanecerá assim até a morte. Fará qualquer coisa que você queira, até mesmo o impossível, e nunca desobedecerá.

É inconcebível que se crie um mecanismo tão obediente e sábio quanto o corpo. Se você procurar conhecer todas as suas funções, vai ficar impressionado. Você nunca pensou no que o seu corpo faz. É tão milagroso, tão misterioso! Mas você nunca olhou para dentro dele. Nunca se deu ao trabalho de se familiarizar com seu próprio corpo, mas ainda assim finge amar outras pessoas? É impossível, porque as outras pessoas também são corpos aos seus olhos.

O corpo é o maior mistério de toda a existência. Esse mistério precisa ser amado; seus segredos e seu funcionamento precisam ser investigados em detalhes.

É pena que as religiões tenham se posicionado tão vigorosamente contra o corpo, embora isso nos dê uma indicação definitiva de que, se a pessoa aprender a sabedoria do corpo e seus mistérios, nunca precisará se preocupar com sacerdotes ou com Deus. Terá descoberto o mistério maior dentro de si mesma, e no mistério do seu corpo está o próprio templo da sua consciência.

Depois de conhecer a sua consciência, o seu ser, não haverá Deus algum acima de você. Só uma pessoa assim pode respeitar outros seres humanos, outros seres vivos, pois são todos tão misteriosos quanto ela própria – expressões diferentes, diversidades que tornam a vida mais rica. Depois que uma pessoa descobre a consciência dentro dela, terá encontrado a chave para o supremo.

Uma educação que não o ensine a amar e ter compaixão por seu corpo, que não o ensine como se aprofundar em seus mistérios, não será capaz de fazê-lo adentrar em seu próprio eu. O corpo é a porta, o ponto de apoio, e qualquer educação que não aborde o corpo e a consciência é incompleta e prejudicial, pois será sempre destrutiva. Somente o desabrochar da consciência dentro de você o impedirá de ser destrutivo. E essa consciência lhe dá uma enorme vontade de criar – trazer mais beleza e conforto para este mundo.

O homem precisa de um corpo melhor e mais saudável, de um ser mais consciente, mais alerta. Ele necessita de todos os tipos de conforto e luxo que a existência está pronta a oferecer. A existência está pronta a lhe dar o paraíso aqui e agora, mas você continua adiando, deixando sempre para depois da morte.

No Sri Lanka, um grande místico estava morrendo. Ele era reverenciado por milhares de pessoas e algumas estavam reunidas em torno dele. O místico abriu os olhos: possuía apenas mais alguns instantes nesta margem, depois partiria para sempre. Todos estavam ansiosos para ouvir suas últimas palavras. O ancião disse:

– Passei toda a minha vida ensinando-lhes a bem-aventurança, o êxtase, a meditação. Agora, vou para a outra margem. Não estarei mais disponível. Vocês sempre me ouviram, mas nunca praticaram o que ensinei. Continuam adiando. Agora não há mais por que adiar: estou partindo. Alguém aqui está pronto para ir comigo?

Houve um silêncio profundo. As pessoas se entreolharam, pensando: "Talvez aquele homem, que tem sido seu discípulo há 40 anos... ele talvez esteja pronto." Mas o homem a quem se referiam estava apenas olhando para os outros – ninguém se levantou. Só um homem, no fundo do cômodo, levantou a mão. O místico pensou: "Pelo menos uma pessoa tem coragem suficiente."

No entanto, o homem disse:

– Deixe-me, por favor, esclarecer por que não me levantei, apenas ergui a mão. Quero saber como chegar na outra margem porque hoje, evidentemente, não estou preparado. Há muitas coisas que não ter-

minei: tenho amigos que precisam de mim, meu filho caçula vai se casar, então hoje não posso ir. Você disse que não pode voltar da outra margem, mas algum dia, com certeza, irei encontrá-lo. Se ao menos você pudesse nos explicar mais uma vez como se faz para chegar à outra margem... Mas, por favor, não se esqueça de que não estou pronto para ir agora. Só quero refrescar minha memória para quando chegar a hora certa...

A hora certa nunca chega.

Essa não é apenas a história daquele pobre homem, é a história de milhões de pessoas, de quase todas. Estão todas esperando pelo momento certo, pela configuração exata dos astros... Consultam a astrologia, vão à cartomante, procuram saber de todas as maneiras o que vai acontecer amanhã.

O amanhã não acontece, nunca aconteceu. É apenas uma estratégia tola de adiamento.

O que acontece é sempre hoje.

O tipo correto de educação ensinará as pessoas a viver aqui e agora, a criar o paraíso neste mundo. Nunca esperar a morte chegar e nunca ser infeliz até a morte acabar com a infelicidade. Deixe que ela o encontre dançando, cheio de alegria e amor.

É estranho, mas, se um homem conseguir viver como se já estivesse no paraíso, a morte nada pode tirar de sua experiência. Meu enfoque é lhes ensinar que este é o paraíso; não existe paraíso algum em outro lugar e não é preciso qualquer preparação para ser feliz. Nenhuma disciplina é necessária para ser amoroso: basta estar um pouco alerta, um pouco desperto, ter um pequeno entendimento. E, se uma educação não puder lhe dar esse pequeno entendimento, não é educação alguma.

INTRODUÇÃO

Os médicos e cientistas hoje reconhecem aquilo que o senso comum sempre nos disse: que há uma conexão profunda entre corpo e mente e que essa conexão afeta profundamente nossa saúde física e nosso bem-estar. Os pesquisadores descobriram que quase um quarto de nossas indisposições físicas está relacionado ao estresse. Além disso, o "efeito placebo" – quando as pessoas melhoram simplesmente porque acreditam que determinado tratamento ou medicação irá ajudá-las, mesmo quando estão tomando apenas pílulas de açúcar – já foi bem documentado.

"É psicológico" – muitos já ouviram essa expressão mais de uma vez ao longo de suas vidas, ao reclamar de uma dor física ou dificuldade emocional. Ainda que possamos ter negado esse fato, provavelmente suspeitávamos, em segredo, que fosse verdade. O problema é que uma compreensão meramente intelectual de que "é psicológico" não ajuda em nada. Como Osho disse muitas vezes, a camada fina da mente consciente – a parte que entende algo intelectualmente – é apenas um décimo de nossa realidade. As camadas do inconsciente são muito maiores e, quando não estamos em contato com elas, podem ser muito mais poderosas.

É esse conjunto de relações – entre a camada consciente e as inconscientes da mente, assim como sua influência sobre o corpo e sobre nossa sensação geral de bem-estar – que Osho aborda em uma técnica revolucionária que desenvolveu em 1989. Tudo começou como um experimento com seu próprio corpo, quando seu ombro estava lhe causando muita dor. De acordo com as anotações de sua secretária na época, Osho disse para seu ombro que "deixasse a dor sair" e foi o que ele fez, literalmente! A dor desceu do ombro para o braço, depois para a perna, até sair do corpo. Osho continuou experimentando e convidou outros a experimentarem também a técnica de falar com o corpo e pedir-lhe que deixasse a dor sair, pois já não era mais necessária, e, uma vez que tivesse partido, também não era preciso trazê-la de volta. Ao longo dos dias seguintes, depois semanas, a técnica meditativa "Lembrando-se da linguagem esquecida para falar com o seu corpo-mente" tomou forma. Atualmente é oferecida como uma série de sessões de uma hora, durante sete dias, no Osho Meditation Resort, em Puna, na Índia, sendo também oferecida, em todo o mundo, por pessoas que foram treinadas para aplicá-la.

Com a publicação desta combinação de livro e CD, o processo está agora disponível para que as pessoas possam praticá-lo por conta própria, assim como para profissionais de saúde e terapeutas que podem recomendá-lo a seus pacientes.

Este livro foi criado a partir de diversas seleções de palestras de Osho. Começa com um exame das idéias que temos a respeito do corpo, assim como daquilo de que talvez não tenhamos conhecimento em nossa relação com ele. Quase todos nós fomos educados com atitudes e condicionamentos que negam a vida e vão contra o corpo. Tentativas bem-intencionadas dos pais e professores para "civilizar" as crianças e ajudá-las a serem aceitas na sociedade muitas vezes acabam reprimindo sua exuberância e vitalidade naturais, seus sentidos aguçados e sua curiosidade a respeito do próprio corpo.

Como adultos, não podemos fazer nada para alterar nossa história e formação, mas podemos começar a perceber os elementos ocultos dessa formação para entender como nos afetaram. A mágica é que, no próprio processo de adquirir essa percepção, atitudes inconscientes perdem seu poder sobre nós e começamos a fazer novas escolhas mais afirmativas da vida para nós mesmos. Uma vez que esse novo fundamento tenha sido estabelecido, percebemos que nos tornamos mais perceptivos sobre o corpo e suas reais necessidades, mais gratos e reconhecedores de seu miraculoso funcionamento a nosso favor e, assim, mais capazes de trabalhar com ele – e não contra ele – para atingir as metas que fixamos para nós mesmos.

O bem-estar físico é profundamente relacionado e dependente do bem-estar mental. *Corpo e mente em equilíbrio* fornece tanto a compreensão consciente quanto as ferramentas práticas necessárias para apoiar essa parceria entre corpo e mente. Consulte o último capítulo do livro para obter orientação específica sobre como usar o CD de meditação orientada.

CAROL NEIMAN, EDITORA

CAPÍTULO 1

A INTELIGÊNCIA DO CORPO

A medicina ocidental vê o homem como uma unidade à parte da natureza. Esse é um dos maiores erros já cometidos. O homem faz parte da natureza – ter saúde é estar em paz com ela.

Como a medicina ocidental tem uma visão mecanicista do ser humano, sempre que a mecânica puder ser bem-sucedida ela será bem-sucedida. O ser humano, contudo, não é uma máquina. É uma unidade orgânica e precisa de um tratamento que não se restrinja apenas à parte que está doente. A parte doente é só um sintoma de que todo o organismo está passando por dificuldades. Ela está visível simplesmente porque é a mais fraca.

A parte doente é tratada e aparentemente curada, mas depois a enfermidade aparece em outro lugar. Evitou-se que a doença se expressasse, e ela agora está mais forte. Mas o homem continua não sendo compreendido como um todo: ou ele está doente ou saudável, não existe meio-termo. O organismo precisa ser visto como um todo.

É muito importante entender que o corpo está sempre pronto para ouvi-lo – você nunca conversou com ele, nunca tentou se comunicar com ele. Tem vivido nele, o tem usado, mas nunca lhe agradeceu. Ele serve a você e faz isso do jeito mais inteligente possível.

A natureza sabe que ele é mais inteligente do que você, porque nenhuma das funções importantes do corpo foi deixada a seu cargo – e sim a cargo dele. Por exemplo, a respiração, o batimento cardíaco, a circulação sangüínea, a digestão dos alimentos: nada disso está sob sua responsabilidade. Caso contrário, você já estaria em um completo caos.

Se deixassem a respiração por sua conta, já estaria morto. Não haveria a menor possibilidade de estar vivo, pois você se esqueceria de respirar a qualquer momento. Se brigasse com alguém, esqueceria de respirar. Ao dormir, iria se esquecer de fazer seu coração bater. Como poderia se lembrar? E você sabe quanto serviço seu sistema digestivo tem? Você sai por aí comendo coisas e acha que está fazendo um bom trabalho, mas isso pode ser feito por qualquer um.

Na Segunda Guerra Mundial, um homem levou um tiro e a bala atravessou seu pescoço. Ele não morreu, mas não conseguia mais comer ou beber nada porque a garganta teve que ser fechada. Os médicos fizeram uma pequena abertura na lateral do estômago e colocaram ali um tubo por onde entraria a comida. Ele precisava pôr o alimento no tubo, mas, daquele jeito, comer não tinha graça nenhuma, nem mesmo quando ele colocava um sorvete. O homem ficava com muita raiva e dizia:

– Não sinto o gosto de nada!

Então um médico sugeriu:

– Faça o seguinte: sinta o gosto primeiro e depois coloque o alimento no tubo.

Foi assim que esse homem viveu durante 40 anos. Primeiro ele mastigava e degustava a comida. Depois a jogava no tubo. O mecanismo funcionava bem, porque tudo o que temos no corpo é um tubo e nada mais. A diferença é que ele está escondido por baixo da pele. Nesse pobre homem, o tubo estava descoberto, mas era até melhor, porque ele poderia limpá-lo e tudo mais.

O sistema digestivo opera milagres. Os cientistas dizem que, se tivéssemos de fazer tudo o que o sistema digestivo de um único homem faz, precisaríamos de uma grande fábrica para transformar a comida em sangue e depois separar os elementos que são necessários em diferentes lugares. Alguns são necessários no cérebro e têm de ser mandados para lá por meio da corrente sangüínea. Outros são necessários em lugares como os olhos, a pele ou os ossos, e o corpo faz esse trabalho com perfeição durante 70, 80, 90 anos – mas ainda assim você não vê a sabedoria dele.

A sabedoria do corpo

Você já deve ter ouvido falar dos alquimistas, que tentavam transformar metais básicos em ouro. Seu corpo está fazendo muito mais do que isso: está transformando em sangue e ossos todas as porcarias que você vai jogando para dentro. Não apenas isso: ele transforma essas porcarias em alimento para o seu cérebro. A partir de sorvete e refrigerante, ele compõe o seu cérebro, um cérebro que pode criar um Rutherford, um Albert Einstein, um Buda, um Zaratustra, um Lao Tsé. Aprecie o milagre!

O cérebro é uma coisa pequenininha, encapsulada em um pequeno crânio... Ainda assim um único cérebro pode conter todas as bibliotecas do mundo. Sua capacidade é quase infinita: trata-se do maior banco de dados que existe. Se quiser fazer um computador com essa mesma capacidade, precisará de quilômetros de área só para fazer com que funcione. Embora a ciência tenha se desenvolvido tanto e os cientistas venham tentando, ainda não encontraram a chave para transformar sorvete em sangue, ou talvez criar um cérebro a partir do sorvete. Talvez nunca aconteça ou, se acontecer, será um feito do cérebro – mais um milagre dele.

Converse com o corpo

Quando você começar a se comunicar com o seu corpo, as coisas se tornarão mais fáceis. O corpo não precisa ser forçado, ele pode ser persuadido. Não é preciso brigar com o corpo – isso é feio, violento, agressivo, e qualquer conflito irá apenas criar mais tensão. Você não precisa estar em conflito: deixe que o conforto se torne a regra. O corpo é um presente tão bonito de Deus que brigar com ele é negar o próprio Deus. É um santuário, e fomos colocados dentro desse santuário; é um templo. Existimos dentro dele e temos que cuidar muito bem dele – é nossa responsabilidade.

Faça o que estou propondo. Vai parecer um pouco absurdo no começo, porque nunca nos ensinaram a falar com o corpo. Milagres podem acontecer por meio dele. Acontecem o tempo todo e nem percebemos. Enquanto estou falando, minhas mãos acompanham com gestos o que estou dizendo. Eu falo: a minha mente está comunicando algo e meu corpo a acompanha. O corpo se relaciona com a mente.

Quando você quer levantar a mão, não precisa fazer nada – ela simplesmente levanta. O corpo entende a mera idéia de que você quer levantá-la. É um milagre. Na verdade, a biologia e a fisiologia ainda não foram capazes de explicar como isso acontece. Há uma idéia: você quer levantar a mão. Como fazer para que essa idéia se transforme numa mensagem física para a mão? E isso ocorre muito rápido, quase instantaneamente.

Por exemplo, estou falando com você e minha mão continua colaborando, sem atraso algum. É como se o corpo e a mente funcionassem paralelamente. Ele é muito sensível. É preciso aprender a conversar com ele. A partir daí, muitas coisas podem ser feitas.

Ouça o corpo

Siga o corpo. Nunca, em hipótese alguma, tente dominá-lo. O corpo é seu alicerce. Quando começar a entendê-lo, 99% de seus problemas desaparecerão. Mesmo assim, você não ouve.

O corpo diz "Pare! Não coma mais!", e você continua comendo, pois está ouvindo a sua mente. A mente diz: "Está muito gostoso, uma delícia! Quero mais." O corpo já está enjoado, o estômago está gritando "Pare! Já chega, estou cansado!", mas a mente continua: "Puxa, que sabor incrível, vamos, só mais um pouquinho." Ouça o corpo: 99% de seus problemas desaparecerão e o 1% que restar consistirá apenas de acidentes, não de problemas de verdade.

Contudo, desde a mais tenra infância, tiram a nossa atenção do corpo, somos afastados dele. Uma criança chora, pois está com fome, e a mãe olha para o relógio porque o pediatra disse para só deixar o bebê mamar depois de três horas. Ela não olha para a criança. A criança é o verdadeiro relógio, mas a mãe ouve o que o pediatra diz. O bebê está chorando, pedindo comida naquele momento. Se não for alimentado no mesmo instante, sua atenção será desviada do corpo. Em vez de comida, ele recebe uma chupeta. Está sendo enganado e trapaceado. Recebe algo falso, de plástico, que tenta iludir e acabar com a sensibilidade de seu corpo. A sabedoria do corpo não pode se expressar, a mente está interferindo. O bebê é acalmado pela chupeta e cai no sono. Pouco depois o relógio diz que já se passaram três horas e você tem de amamentar a criança. Ela dorme profundamente, o corpo dela está adormecido, mas ainda assim ela é acordada porque o pediatra disse que era preciso amamentá-la. Mais uma vez a criança tem seu ritmo destruído. Aos pouquinhos, você perturba todo o seu ser. Em algum momento a criança terá perdido totalmente o contato com o corpo. Quando fica adulta, não sabe mais o que quer – se quer comer ou não, fazer amor ou não. Tudo é manipulado por algo externo. Alguém folheia a *Playboy* e sente vontade de fazer amor: isso é idiota, isso é coisa da mente. Esse amor não pode ser grande coisa! Vai ser só um espirro, uma válvula de escape, nada mais. Não será amor de jeito algum. Como o amor pode acontecer por meio da mente? A mente não sabe nada sobre o amor. Passa a ser um dever. A pessoa tem uma mulher ou um marido, então precisa fazer amor, isso vira um dever. Obedientemente, religiosamente, todas as noites essa pessoa faz amor. Não há mais espontaneidade. Então ela começa a ficar preocupada porque sente que aquilo não a satisfaz. Em breve irá procurar outra mulher, outro homem. Começará a racionalizar: "Talvez não seja a pessoa certa para mim. Talvez não seja minha alma gêmea. Pode ser que não sirva para mim. Com certeza eu não sou a pessoa certa para ela porque já não me excita."

O problema não é a mulher ou o homem: nenhum dos dois está *no corpo*. Se as pessoas estivessem em seus corpos, ninguém deixaria passar a beleza que se chama orgasmo. Se as pessoas estivessem em seus corpos, teriam os primeiros vislumbres de Deus por meio do orgasmo.

Ouça seu corpo, siga seu corpo. A mente é tola, o corpo é sábio. Se você mergulhar fundo no seu corpo, encontrará, oculta nessas profundezas, a sua alma.

O corpo é um milagre

O corpo é extremamente belo e complexo. Nada é tão complexo e sutil quanto ele. Você nada sabe a respeito dele. Só o olhou pelo espelho, mas nunca olhou para ele de dentro – do contrário, veria que é um universo em si mesmo. É por isso que os místicos estão sempre dizendo que o corpo é um universo em miniatura. Quando olhado de dentro é tão vasto! Milhões e milhões de células, e cada célula com vida própria, funcionando com tamanha inteligência que parece quase inacreditável, impossível, inconcebível.

Você come alguma coisa e o seu corpo transforma a comida em sangue, ossos, medula. Você come e o corpo transforma a comida em consciência, pensamento. Um milagre está acontecendo a todo momento. E cada célula funciona tão sistematicamente, de maneira tão ordenada, com tal disciplina interior que parece impossível, pois são milhões de células. Existem 70 milhões de células só no seu corpo – 70 milhões de almas. Cada célula tem a sua própria alma. E como funcionam com tamanha coerência, com tanto ritmo e harmonia! E as mesmas células transformam-se nos olhos, na pele, no fígado, no coração, na medula, na mente e no cérebro. As células se especializam, mas são as mesmas. Como se movimentam, trabalhando com sutileza, em silêncio!

Conheça o corpo, mergulhe fundo em seus mistérios, pois ali estão as suas raízes. O corpo é sua terra, você está enraizado nele. Sua consciência é como uma árvore no corpo. Seus pensamentos são os frutos. Suas meditações, as flores. Você está enraizado no corpo. O corpo o apóia. Você ama e o corpo apóia. Odeia e o corpo apóia. Deseja matar alguém, ele o apóia. Deseja proteger alguém, ele o apóia. Na compaixão, no amor, na raiva, no ódio – em todas as situações –, o corpo está do seu lado.

Ele é seu amigo, não um inimigo. Ouça a linguagem dele, decore essa linguagem e, pouco a pouco, à medida que entra no livro do seu corpo e vira as páginas, você toma consciência de todo o mistério da vida. Condensado, esse mistério está no seu corpo. Ampliado milhões de vezes, está no mundo todo. Mas, sintetizado numa pequena fórmula, o mistério da vida está presente no seu corpo.

O corpo contém todos os mistérios

O corpo contém todos os mistérios do universo. É um universo em miniatura. A diferença entre o corpo e o universo é só quantitativa. Assim como um único átomo encerra todos os segredos da matéria, o corpo encerra todos os segredos do universo. Não é preciso buscar segredos lá fora, basta voltar-se para dentro.

E o corpo precisa ser bem cuidado. Não vá contra ele, não o condene. Caso o condene, estará condenando Deus, porque ele habita os mais profundos recessos do corpo. Deus escolheu essa casa – o seu corpo – para viver. Respeite seu corpo, ame-o, cuide dele.

As chamadas religiões criaram muito antagonismo entre o homem e o corpo. É verdade que você não é o seu corpo. Contudo, isso não significa que tenha de se voltar contra ele. O corpo pode levá-lo ao inferno ou ao céu: é um simples veículo, neutro. Ele está pronto para levá-lo aonde quiser. É um mecanismo de imensa complexidade, beleza e ordem. O que dizer de todo o universo, se até mesmo esse pequeno corpo encerra tão notável milagre? Por isso chamo o corpo de templo do divino.

Depois que você muda de atitude em relação ao seu corpo, fica mais fácil penetrar nele, porque ele se abre, deixa que você entre e co-meça a revelar seus segredos. Foi assim que descobriram os segredos da ioga e do Tao. A ioga não surgiu da dissecação de cadáveres. A medicina moderna está baseada em corpos e em sua dissecação. Há algo errado nisso. A medicina ainda não conseguiu conhecer um organismo vivo. Dissecar um corpo morto é uma coisa – saber algo sobre um corpo vivo é totalmente diferente. Mas a ciência moderna não tem como conhecer o corpo vivo. O único meio de conhecê-lo é esquartejá-lo e cortá-lo, mas, no momento em que ele é cortado, deixa de ser o mesmo fenômeno. Compreender uma flor no galho, na árvore, é uma coisa. Arrancá-la e examiná-la é outra, completamente diferente.

Albert Einstein, o homem, possuía qualidades que seu cadáver não tinha nem poderia ter tido. Quando um poeta morre, seu corpo está ali, mas onde está a poesia? Quando um gênio morre, o corpo está ali, mas onde está a genialidade? Os corpos de um idiota e de um gênio são similares. É impossível dizer, dissecando um corpo, se pertenceu a um gênio ou a um idiota, se pertenceu a um místico ou a alguém que nunca se deu conta do mistério da vida. Você está simplesmente olhando a casa, enquanto o ser que morava ali já não está mais presente. Você está estudando a gaiola – o pássaro já se foi e estudar a gaiola não é o mesmo que estudar o pássaro. Ainda assim, o corpo encerra em si o divino.

O verdadeiro caminho é mergulhar dentro de si mesmo e observar seu próprio corpo dali, do âmago do seu ser. É uma alegria incrível vê-lo funcionando, palpitando. É o maior milagre que já aconteceu no universo.

Conexões entre corpo e mente

Muitos problemas são psicossomáticos, porque corpo e mente não são coisas distintas. A mente é a parte interior do corpo e o corpo é a parte exterior da mente. Portanto, qualquer coisa pode começar no corpo e invadir a mente ou vice-versa. Não existe divisão ou compartimento estanque.

Grande parte dos problemas possui duas extremidades: eles podem ser abordados através da mente ou do corpo. Algumas pessoas acreditam que todos os problemas vêm do corpo – os fisiologistas, os pavlovianos, os behavioristas... Eles tratam o corpo e, evidentemente, em 50% dos casos têm sucesso. Eles esperam que, à medida que a ciência evolui, tenham ainda mais sucesso. No entanto, nunca irão ultrapassar 50%. Isso não tem nada a ver com a evolução da ciência.

Outras pessoas crêem que todos os problemas vêm da mente, e essas pessoas estão tão equivocadas quanto as anteriores. Os hipnotistas, os mesmeristas, os psicoterapeutas, todos acham que os problemas vêm da mente. Eles também são bem-sucedidos em 50% dos casos e também acham que, cedo ou tarde, acabarão por acumular cada vez mais êxitos. Isso é bobagem. Não podem ser bem-sucedidos em mais de 50% dos casos – esse é o limite.

No meu modo de ver, todo problema tem de ser atacado por ambos os lados, simultaneamente. Só assim o ser humano poderá ser curado em 100% dos casos. Quando a ciência se tornar perfeita, irá trabalhar dos dois jeitos.

É preciso começar pelo corpo, que é a porta da mente. E, por ser grosseiro, o corpo é mais facilmente manipulado. O corpo deve ser libertado de todas as estruturas acumuladas e, ao mesmo tempo, a mente tem de ser estimulada a começar um movimento ascendente e se livrar de todas as cargas que a empurram para baixo.

Mente e corpo não são coisas diferentes

Lembre-se sempre de que não é possível dizer "processo fisiológico" ou "processo mental". Não são coisas diferentes, são duas partes do mesmo todo. Qualquer coisa que você faça fisiologicamente afeta sua mente e qualquer coisa que faça psicologicamente afeta seu corpo.

Pode-se dizer que o corpo é o estado sólido de uma energia e a mente é o estado líquido dessa mesma energia. Por isso, não importa o que esteja fazendo fisiologicamente, não pense que os efeitos irão terminar aí. Não tente imaginar como isso poderia ajudar a transformar sua mente. Se ingerir álcool, o que acontece com sua mente? O álcool vai para o corpo, não para sua mente, mas o que acontece com ela? Se tomar LSD, ele também vai para o corpo, não para a mente, mas qual é a reação dela?

Caso seu corpo faça jejum, qual o resultado em sua mente? Por outro lado, se você pensa em algo de cunho sexual, o que acontece com seu corpo? Ele é imediatamente afetado. Sua mente pensa num objeto sexual e seu corpo começa a se preparar para o sexo.

O cientista William James tinha uma teoria. No início do século XX, parecia bem absurda, mas, num certo sentido, estava certa. Ele e outro cientista chamado Lange apresentaram a tese conhecida como a teoria James-Lange. Normalmente, dizemos que, se você tem medo, isso o faz fugir e correr para longe, ou, se fica com raiva, isso faz com que seus olhos fiquem injetados e você comece a atacar o inimigo. James e Lange, contudo, propunham exatamente o contrário. Eles diziam que você só sente medo porque foge e só fica com raiva porque seus olhos ficam injetados e você bate no inimigo. James e Lange diziam que, caso não fosse assim, então queriam ver um único caso de raiva em que a pessoa não estivesse com os olhos injetados e o corpo não fosse afetado. Tente ficar enraivecido sem que seu corpo seja afetado e você descobrirá que não consegue.

No Japão ensina-se às crianças um método muito simples para controlar a raiva: não faça nada a respeito. Apenas respire fundo algumas vezes. Experimente e verá que não consegue ficar com raiva. Por quê? Por duas razões: você começa a respirar fundo, e a raiva exige um determinado ritmo respiratório. Sem esse ritmo, fica impossível.

Se estiver respirando fundo conscientemente, a raiva não pode se expressar. Ela precisa de uma respiração diferente. Ninguém consegue ficar com raiva respirando profundamente. Além disso, sua mente se desvia. Quando você fica irritado e começa a respirar fundo, sua mente desvia a atenção do sentimento para se concentrar na respiração. O corpo não fica num estado favorável para sentir raiva e a mente passa a se concentrar em outra coisa. É difícil, então, ficar enfurecido. Por isso os japoneses são as pessoas mais controladas do planeta – eles treinam desde a infância.

Um dos meus amigos estava em Kyoto e escreveu-me uma carta dizendo: "Vi um fenômeno tão belo hoje que resolvi escrever para contar. Quando voltar, quero entender como é possível. Um homem foi atingido por um carro. Ele caiu, levantou, agradeceu ao motorista e foi embora – ele agradeceu ao motorista!"

No Japão, não é difícil que isso aconteça: basta que o homem tenha respirado fundo algumas vezes. Sua atitude muda e torna-se possível até mesmo agradecer a uma pessoa que estava prestes a matá-lo.

Processos fisiológicos e processos psicológicos não são coisas diferentes: são uma coisa só, e você pode partir de qualquer um dos pólos para afetar e mudar o outro.

Tratando o ser humano como um todo

Num mundo melhor, toda pessoa cuja profissão seja tratar do corpo praticará meditação. Se o corpo está sofrendo, é porque existe algo por trás, pois tudo está interligado. Portanto, não se pode curar uma pessoa tratando apenas de seu corpo: ela precisa ser tratada em sua totalidade. Mas, para vê-la em sua totalidade, é preciso ser capaz de olhar para si mesmo e reconhecer sua própria totalidade.

Todo médico deveria meditar – do contrário, nunca será um médico de verdade. Pode ter títulos acadêmicos e uma licença para praticar a medicina, mas, para mim, é um charlatão, porque não conhece a pessoa inteira. Por isso ele trata os sintomas.

Surge um sintoma, como uma enxaqueca ou uma dor de cabeça – você pode cuidar dele, mas não investiga a fundo para saber por que a pessoa passou a ter enxaqueca. Talvez ela esteja se sentindo sobrecarregada, preocupada, deprimida. Ou tenha se retraído tanto que isso chega até a doer. Talvez esteja pensando demais e não consiga relaxar a mente por um único instante. É possível então tratar do sintoma, forçá-lo a desaparecer por meio de venenos e remédios. Ele surgirá em outro lugar, porque a raiz do mal continua intocada.

Não são os sintomas que devem ser tratados, mas as pessoas. E as pessoas são orgânicas, são completas. Às vezes, a doença pode estar nos pés e sua causa na cabeça. Outras vezes a doença está na cabeça e a causa nos pés. O ser humano é um só, absolutamente conectado! O corpo não só está conectado a si mesmo como também à mente. Portanto, corpo e mente – *soma* e *psique* – estão ambos conectados a uma alma transcendental.

CAPÍTULO 2

PARA DECODIFICAR O CONDICIONAMENTO DESTRUTIVO

O único dever que você tem é o de ser feliz. Faça disso uma religião. Se não é feliz, não importa o que faça, algo deve estar errado e alguma mudança drástica se faz necessária. Deixe que a felicidade decida.

Eu sou um hedonista. E a felicidade é o único critério que o ser humano possui.

Portanto, sempre observe o que acontece quando faz alguma coisa: se ficou em paz, tranqüilo, à vontade, relaxado, aquela era a coisa certa a fazer. Esse é o critério, nada mais. É importante lembrar-se, contudo, de que aquilo que é certo para você pode não ser para outra pessoa. Aquilo que é fácil para você pode não ser para outra pessoa, mas alguma outra coisa será fácil para ela. Não pode haver uma lei universal para isso. Cada um tem de descobrir por si mesmo. O que é fácil para você?

Por que escolhemos ser infelizes?

Esse é um dos mais complexos problemas humanos. Precisa ser examinado a fundo e não é algo teórico, mas algo que lhe diz respeito. É assim que todos têm agido – sempre escolhendo o caminho errado, escolhendo ficar tristes, deprimidos, infelizes. Devem existir razões profundas para isso, e de fato existem.

A primeira razão diz respeito ao modo como os seres humanos são criados. Se você for infeliz, irá ganhar alguma coisa com isso. Se for feliz, perderá.

Desde o início, uma criança atenta percebe essa diferença. Sempre que está infeliz, todos são compreensivos com ela e ela ganha essa compreensão. Todos tentam demonstrar afeto e a criança recebe amor. Mais do que isso, sempre que fica infeliz todo mundo é simpático e ela recebe atenção. A atenção funciona como alimento para o ego, como um estimulante alcoólico. A atenção lhe dá energia, você sente que é alguém. Por isso tanta necessidade, tanto desejo de obter atenção.

Se todos estão olhando, você se torna importante. Se ninguém o olhar, é como se você não estivesse ali: deixa de existir, vira um não-ser. O fato de as pessoas estarem olhando, estarem preocupadas, lhe dá energia.

O ego só existe no relacionamento. Quanto mais as pessoas prestam atenção em você, maior fica o seu ego. Se ninguém o olhar, seu ego se dissolve. Se todo mundo esquecer completamente de você, como o ego pode existir? Daí a necessidade de sociedades, associações, clubes: eles existem para dar atenção às pessoas que não a conseguem de outras formas.

Desde a mais tenra infância, a criança aprende a fazer política. A política é: pareça infeliz e irá atrair simpatia, todos serão atenciosos. Pareça doente e ficará importante. A criança doente fica prepotente: toda a família deve lhe obedecer, o que quer que diga se torna a lei.

Quando ela está feliz, ninguém a ouve. Quando está saudável, ninguém liga para ela. Quando está perfeita, ninguém lhe dá atenção. Desde o começo, optamos pela infelicidade, pela tristeza, pelo pessimismo, pelo lado sombrio da vida. Essa é uma das razões.

A segunda razão está relacionada ao seguinte: sempre que você está feliz, exultante, extasiado e inebriado, todo mundo sente inveja. Isso significa que todos ficam hostis: num segundo, todos viram inimigos. Então você aprendeu a não parecer tão extasiado para evitar que todos virem inimigos: aprendeu a não mostrar a felicidade, a não rir. Olhe para as pessoas quando elas riem: é um gesto calculado, não é uma risada que sacode a barriga, não vem das profundezas do ser. Primeiro olham para você, avaliam e, então, riem. E riem de uma forma que seja tolerada, que não seja considerada imprópria, que não desperte inveja.

Até nossos sorrisos são políticos. A risada desapareceu, a felicidade passou a ser uma coisa absolutamente desconhecida e é quase impossível chegar ao êxtase, porque não é mais permitido. Se você está infeliz, ninguém vai achar que é louco. Se está exultante, dançando por aí, todo mundo vai achar que você está louco. Dançar e cantar não são coisas aceitas. Quando alguém vê uma pessoa feliz, logo acha que há algo errado.

Que tipo de sociedade é essa em que é permitido se sentir infeliz mas que acusa aqueles que estão em êxtase de loucos e sem juízo? Por causa da inveja, tentamos, de todas as maneiras possíveis, impedir o êxtase dos outros. Chamamos a tristeza de normalidade. Os psiquiatras poderão ajudar a trazer uma pessoa de volta para sua infelicidade normal.

A sociedade não pode permitir o êxtase. O êxtase é a maior das revoluções. Se as pessoas ficarem extasiadas, toda a sociedade vai mudar, porque ela está baseada na infelicidade.

Se as pessoas são felizes, não podem ser conduzidas à guerra. Alguém feliz vai rir e dizer: "Isso não faz sentido!" Se as pessoas são felizes, não se pode fazer com que fiquem obcecadas por dinheiro. Acharão que é loucura passar a vida toda acumulando algo sem vida como o dinheiro.

Se as pessoas estiverem em êxtase, todo o padrão dessa sociedade terá de mudar. A sociedade existe por causa da infelicidade. A infelicidade é um grande investimento para ela. É para isso que criamos nossos filhos: desde a mais tenra infância, fomentamos uma tendência para a infelicidade. É por isso que todos sempre escolhem esse sentimento.

Em todo instante existe a opção de ser infeliz ou feliz. Você sempre opta por ser infeliz porque há um investimento; isso se tornou um hábito, um padrão. A infelicidade parece uma descida, o êxtase parece uma subida. O êxtase parece muito difícil de alcançar – mas isso não é verdade. O que acontece é justamente o oposto: o êxtase é a descida e a infelicidade é a subida. A infelicidade é uma coisa muito difícil de alcançar porque é antinatural, mas você a alcançou, fez o impossível. Ninguém quer ser infeliz, mas todo mundo é.

A educação, a cultura, os pais, os professores – eles têm feito um grande trabalho. Têm transformado criadores extasiados em criaturas infelizes. Toda criança nasce extasiada. Toda criança nasce um deus. E todo homem morre louco. Como recuperar a infância, como reivindicá-la? Se você conseguir ser criança outra vez, não haverá mais tristeza.

Não estou dizendo que as crianças nunca sofram – elas sofrem, mas ainda assim não são infelizes. Uma criança pode ficar extremamente infeliz num momento, mas mergulha tão completamente nessa infelicidade, entra em tal comunhão com ela que não há divisão. Não há uma criança separada da infelicidade. Ela não está contemplando o sentimento como algo à parte dela. A criança é a infelicidade – está completamente envolvida nela. E, quando você e a infelicidade se tornam uma coisa só, a infelicidade não é infelicidade. Se você comunga tão profundamente com ela, até mesmo a infelicidade adquire uma beleza só dela. Quando uma criança que não foi estragada está com raiva, toda a sua energia se torna a raiva: nada é deixado para trás, nada é contido. A criança se moveu e se tornou a raiva: ninguém está manipulando ou controlando essa raiva. Não há uma mente. E daí surge a beleza, o fluir da raiva. Uma criança nunca parece feia – até nos momentos de raiva ela é bela. Parece mais intensa, mais viva – um vulcão pronto para entrar em erupção, um ser atômico, com todo o universo pronto para explodir.

Depois de toda essa raiva a criança fica silenciosa, totalmente em paz. Ela se descontrai. Podemos achar que estava muito infeliz no momento da raiva, mas a criança não estava infeliz – ela usufruiu da raiva. Sempre que você entrar em comunhão com algo, se sentirá em êxtase. Sempre que se separar de algo, mesmo que seja da felicidade, ficará infeliz.

Essa é a chave. Ficar separado como um ego é a base de toda a infelicidade; se ficar em comunhão, fluindo com aquilo que a vida colocar em seu caminho – entranhado nisso tão intensa e completamente que você deixe de existir e se perca nisso –, todas as coisas passam a ser felizes.

A escolha existe, mas até mesmo a consciência disso foi perdida. Fique atento. Cada vez que estiver escolhendo ser infeliz, lembre-se de que é uma opção sua. Imediatamente sentirá a diferença. Seu estado mental terá mudado. Ficará mais fácil se voltar para a felicidade.

Depois que souber que se trata de uma escolha, será um jogo. Se gosta de ser infeliz, seja infeliz, mas lembre-se de que é uma escolha sua – por isso não reclame. Ninguém é responsável por isso. Não saia por aí perguntando às pessoas como se faz para não ser infeliz. Não saia por aí questionando mestres e gurus sobre como se faz para ser feliz. Os pretensos gurus só existem porque você é um tolo. Primeiro cria a infelicidade e depois sai perguntando aos outros como se faz para não criá-la. Você continuará a criá-la porque não se dá conta do que está fazendo. A partir de agora, experimente ser feliz e bem-aventurado.

Duas maneiras de viver

Existem duas maneiras de viver, de ser, de saber: uma é a partir do esforço, da vontade, do ego; a outra é a partir da ausência de esforço, de luta, deixando-se levar pela existência.

Todas as religiões do mundo têm ensinado o primeiro jeito – brigar contra a natureza, contra o mundo, contra o seu próprio corpo, contra a mente. Só assim você poderia atingir a verdade, o supremo, o eterno. Mas existem provas suficientes de que essa vontade de dominar, esse caminho do ego, essa briga e essa guerra são um retumbante fracasso. Em milhões de anos, poucas pessoas atingiram a experiência suprema da vida, tão poucas que só provam a exceção, não a regra. Eu ensino o segundo jeito: não nade contra a corrente da existência, flua com ela. Lutar contra a existência é como tentar nadar rio acima, contra a corrente: a pessoa logo se cansa e não consegue chegar a lugar algum.

Nesta vasta existência, você é menor do que um átomo. Como pode brigar contra o todo? Você foi criado pelo todo – como pode ser seu inimigo? A natureza é sua mãe, não pode estar contra você. Seu corpo é sua própria vida, não pode ser contrário a você.

Eu ensino uma amizade com a existência. Não quero que você renuncie ao mundo, porque é nosso. Nada na existência é contra você. Basta aprender a arte de viver – não a arte de renunciar, mas a arte de se deleitar. É só uma questão de aprender uma arte para conseguir transformar o veneno em néctar.

Se acha que, em algum lugar e de alguma forma, o seu corpo, a natureza ou o mundo estão contra você, pense que deve ser ignorância sua, deve haver alguma atitude errada. Você não conhece a arte de viver, não se deu conta de que a existência não pode ser sua adversária. Você nasceu graças a ela, vive nela. A existência lhe concedeu tudo e você nem mesmo agradece. Pelo contrário, todas as religiões o ensinam a condená-la desde o princípio.

Qualquer religião que ensine a condenar a vida é venenosa. É contrária à vida, está a serviço da morte. Todas essas religiões são contra a natureza. Por que criam uma lógica segundo a qual, a menos que você se coloque contra este mundo, nunca será capaz de atingir o outro mundo, superior a este? Por que a divisão entre este mundo e o outro mundo? Não há razão para isso.

Se não fosse preciso renunciar a este mundo, mas vivê-lo em sua totalidade, o sacerdote não seria necessário. Se é preciso brigar com este mundo, renunciar a ele, então é preciso reprimir seus instintos naturais. Evidentemente você ficará doente. Colocando-se contra a natureza, nunca estará saudável ou inteiro. Estará sempre dividido e esquizofrênico. Naturalmente, necessitará de alguém para guiá-lo e ajudá-lo – precisará de um sacerdote.

Quando se sente culpado, você vai à igreja, à mesquita, à sinagoga e pede ao padre, ao ministro, ao rabino para ajudá-lo porque, na escuridão profunda em que está – que eles foram responsáveis por criar –, se sente tão desamparado que precisa de alguém para protegê-lo, alguém que mostre a luz. Está tão desesperadamente carente que jamais sequer se perguntou se o sacerdote sabe mais do que você ou se ele não passa de um funcionário remunerado.

Seu problema se resume em olhar para dentro de si mesmo, onde está agora. Se está infeliz, sofrendo, preocupado, angustiado, se falta algo na sua vida, se está descontente, não vê sentido em lugar algum e só está se deixando arrastar em direção à morte...

A escuridão continua ficando mais profunda, a cada dia que passa a morte se aproxima mais – será a hora de pensar em grandes problemas teológicos? É hora de mudar o seu ser. Você não tem muito tempo.

Além disso, os métodos que todas as religiões têm ensinado são belicosos. Não levam a lugar algum, apenas retiram os prazeres de sua vida. Envenenam qualquer coisa que seja prazerosa. As religiões criaram uma humanidade triste. Eu gostaria que a humanidade estivesse cheia de amor, de música e de dança.

Quero que fique bem entendido que, no meu método, você não tem de brigar contra a corrente, nadando rio acima. Isso é estupidez, você não pode lutar, pois a corrente da natureza é grande demais e forte demais. A melhor maneira é aprender com os cadáveres: eles sabem alguns segredos que as pessoas vivas desconhecem.

Uma pessoa viva que não saiba nadar se afoga. Quando já estão mortas, voltam à superfície. Então há algo que os mortos sabem mas que as pessoas vivas desconhecem. Acontece que o morto está absolutamente entregue. Sequer tenta nadar. Os melhores nadadores flutuam, seguem a corrente como um cadáver, indo para onde quer que o rio os leve, sempre correndo para o mar. Não é preciso saber se você está num rio sagrado ou não: sagrado ou profano, todo rio está destinado a chegar ao mar, mais cedo ou mais tarde. Chamo isso de confiança: confiar que, onde quer que a existência o leve, ela o conduzirá ao caminho certo, ao objetivo certo. Não é sua inimiga, então confie que ela o levará sempre para a sua casa, seja onde for.

Se toda a humanidade aprender a relaxar em vez de lutar, aprender a se deixar levar em vez de se esforçar ao máximo, haverá uma grande mudança na qualidade da consciência. Haverá pessoas descontraídas, movendo-se silenciosamente com o fluxo do rio, sem qualquer objetivo em mente, sem ego.

Flutuando de modo tão descontraído, você não pode ter ego. O ego exige esforço: é preciso fazer alguma coisa. O ego é um fazedor e, flutuando, você se torna um não-fazedor. Nessa inação, ficará surpreso ao ver que as preocupações e infortúnios começam a se dissipar e você passa a se contentar com qualquer coisa que a existência lhe conceda.

Um místico sufi estava viajando. Toda noite, ele agradecia à existência: "Você fez tanto por mim e não fui capaz de retribuir, nunca sou capaz de retribuir." Seus discípulos ficavam um pouco revoltados, porque algumas vezes a vida era extremamente dura.

O místico sufi era um rebelde. Aconteceu de ficarem três dias sem comida porque, em toda aldeia por onde passavam, eram rechaçados por não serem muçulmanos ortodoxos. Tinham se juntado a um grupo rebelde de sufis. As pessoas não lhes davam abrigo para passarem a noite e, por isso, tinham de dormir no deserto. Tinham fome e sede há três dias. Ainda assim, na oração vespertina, o místico sempre dizia à existência:

– Estou tão grato. Você nos tem concedido tanto e nós sequer retribuímos.

Um dos discípulos disse:

– Ela não nos dá tanto assim. Diga-nos, por favor, o que a existência nos concedeu nesses últimos três dias. Você está agradecendo à existência pelo quê?

O ancião deu uma risada e disse:

– Você ainda não se deu conta do que a existência nos concedeu. Esses três dias têm sido muito significativos para mim. Estou com fome, sede e não tenho abrigo; fomos rejeitados, condenados. Atiraram pedras em nós e tenho me observado – nenhuma raiva surgiu. Estou agradecendo à existência. Suas dádivas são inestimáveis. Nunca poderei retribuí-las. Três dias de fome, de sede, de falta de sono, com pessoas atirando pedras em nós... e, mesmo assim, não senti animosidade, raiva, ira, falta ou decepção. Só pode ser pela misericórdia e amparo da existência. Esses três dias me revelaram tantas coisas que não teriam sido mostradas se eu tivesse recebido comida, boas-vindas, abrigo e não tivessem atirado pedras em mim – e você me pergunta por que agradeço à existência? Agradecerei à existência até quando estiver morrendo, porque mesmo na morte sei que a existência está me revelando mistérios que não mostra em vida, pois a morte não é o fim, mas o clímax da vida.

Aprenda a fluir com a existência e não haverá culpa nem feridas. Não brigue com seu corpo, ou com a natureza, e você estará em paz, em casa, calmo e sereno.

Essa situação o ajudará a ficar mais alerta, mais perceptivo, mais consciente, levando-o finalmente ao oceano do despertar definitivo – a libertação.

O corpo é seu amigo

Todas as religiões o têm ensinado a brigar com o corpo. Qualquer coisa natural é condenada. As religiões pregam que você tem de dar um jeito de fazer alguma coisa não-natural, pois só assim pode conseguir sair da prisão da biologia, da fisiologia, da psicologia, de todos os muros que o cercam. Mas, se você vive em harmonia com o seu corpo, com a sua mente, com o seu coração, então as religiões dizem que você nunca conseguirá ir além de si mesmo. É por isso que sou contra todas essas religiões: elas colocaram uma semente envenenada no seu ser para que você viva no corpo mas não goste dele.

O corpo lhe serve durante 70, 80, 90 anos, até mesmo por 100 anos. Não existe outro mecanismo que a ciência tenha sido capaz de inventar que se compare a ele. Com toda a sua complexidade, faz milagres em seu benefício o tempo todo, mas jamais recebe um agradecimento. Seu corpo é tratado como um inimigo, embora seja seu amigo.

Ele cuida de você de todas as maneiras possíveis, acordado ou dormindo. Mesmo durante o sono, não deixa de cuidar de você. Se, enquanto dorme, uma aranha começa a andar na sua perna, a sua perna a joga longe sem incomodá-lo. Mesmo enquanto dorme, o corpo permanece fazendo coisas das quais dificilmente tomamos conhecimento. Você come as coisas mais estranhas sem se preocupar em saber o que acontece depois que as engole. Não pergunta ao corpo se seu metabolismo será capaz de digerir o que está comendo. Mas, de um modo ou de outro, seu metabolismo continua trabalhando durante quase um século. Ele tem um sistema automático de reposição de peças com defeito. Não é preciso fazer nada, ele funciona por conta própria. O corpo tem uma sabedoria toda dele.

Entretanto essas religiões continuam dizendo: "É preciso lutar o tempo todo, é preciso nadar contra a corrente. Não ouça o corpo! Seja lá o que ele disser, faça o oposto." O jainismo prega: "Se o corpo tiver fome, deixe-o com fome, deixe-o faminto, ele precisa ser tratado assim." Isso certamente dá um grande poder a seu ego. Se o corpo quer alimento, diga "não". O "não" tem um grande poder – você é o mestre e reduz o corpo à escravidão: "Seja o que for que eu decida, será feito sem sua interferência."

Não brigue com o corpo. Ele não é um adversário, mas seu amigo. É uma dádiva que a natureza lhe concedeu, é parte dela. Você não está ligado apenas à respiração, mas também aos raios do sol, à fragrância das flores, ao luar. Está ligado a todos os lugares, ninguém é uma ilha. Esqueça essa idéia. Você faz parte de todo esse continente e mesmo assim foi dotado de uma individualidade. É o que chamo de milagre.

Portanto, se estiver em harmonia com o seu corpo, também estará com a natureza, com a existência. Em vez de nadar contra a corrente, siga com ela. Entregue-se. Deixe a vida acontecer. Não force nada, em nome de nada. Não perturbe sua harmonia em nome de um livro sagrado, de um ideal sagrado.

Nada vale mais do que estar em harmonia e comunhão com o todo.

Respeite a vida, reverencie a vida. Não existe nada mais sagrado ou divino do que a vida. E ela não consiste em grandes coisas. Esses idiotas religiosos ficam dizendo "Faça coisas grandiosas"; no entanto, a vida consiste em pequenas coisas. A estratégia é clara. Dizem: "Faça coisas grandiosas, algo de grandioso, que faça com que seu nome seja lembrado pela posteridade." É claro que isso agrada ao ego, que é um agente do sacerdote. Todas as igrejas, todas as sinagogas e todos os templos têm um único agente: o ego. Entretanto, a vida consiste em coisas muito pequenas e, se você passou a se interessar por coisas supostamente "grandiosas", isso indica que está deixando a vida passar em branco.

A vida consiste em sorver uma xícara de chá; bater papo com um amigo; fazer uma caminhada pela manhã, sem destino certo, sem objetivo, sem finalidade, sabendo que, a qualquer momento, você pode dar meia-volta ou pode cozinhar para alguém que ama ou para si mesmo, já que ama seu corpo. A vida consiste em lavar a roupa; limpar o chão; regar o jardim... Essas coisinhas pequenas.

Você pode fazer algo desnecessário e dizer olá para um estranho – não há por que se dirigir a um estranho. Contudo, aquele que é capaz de dizer olá a um estranho também pode dizer olá para as flores, para as árvores, pode cantar uma canção para os passarinhos. São só coisas pequenas, muito pequenas...

Respeite sua vida. Dessa forma, estará respeitando também a vida das outras pessoas.

O fantasma do "tenho que"

Toda a nossa educação – na família, na sociedade, na escola, na universidade – cria uma tensão em nós. E a tensão básica é a de que você não está fazendo aquilo que "tem" que fazer.

Isso continua pela vida toda, perseguindo-o como um pesadelo, sem nunca deixar de assombrá-lo. Se relaxar, uma voz dirá: "O que está fazendo? Não pode relaxar, tem que fazer alguma coisa." Se estiver fazendo algo, a voz dirá: "O que está fazendo? Precisa descansar um pouco, senão ficará louco – você já está no seu limite."

Se fizer algo de bom, ela dirá: "Você é um idiota. Não vale a pena fazer nada de bom, pois as pessoas o enganarão." Se fizer algo de ruim, a voz irá dizer: "O que está fazendo? Está construindo o seu caminho para o inferno e sofrerá por isso." Ela nunca o deixará descansar: faça o que fizer, ela o condenará.

Esse acusador foi implantado em você. Enquanto não conseguirmos nos livrar desse acusador que vive dentro de nós não poderemos ser verdadeiramente humanos, não poderemos ser realmente felizes nem poderemos participar da celebração que é a existência.

Ninguém pode eliminar esse acusador interno, só você. E esse não é um problema só seu, é um problema de quase todo ser humano. Seja qual for o país em que nasceu, seja qual for a religião a que pertença, não importa – você pode ser católico, ateu, hindu, muçulmano, jainista, budista, não importa a que tipo de ideologia pertença, a essência é a mesma. A essência é criar uma cisão dentro de si para que uma parte condene a outra. Se obedecer a uma parte, a outra começará a condená-lo e a vida passa a ser um conflito interior, uma guerra civil.

Essa guerra civil tem de acabar, do contrário não será possível aproveitar toda a beleza, todas as bênçãos da vida. Jamais conseguirá rir com toda a alegria que está em seu coração, nunca será capaz de amar nem estará totalmente presente em coisa alguma. É só essa presença total que faz com que a pessoa desabroche, com que a primavera chegue e sua vida comece a ter cor, música, poesia.

Somente a partir da totalidade torna-se possível perceber a presença de Deus em tudo o que o cerca. Mas a ironia é que seus pretensos santos, sacerdotes e igrejas criaram uma cisão. Na verdade, a figura do sacerdote tem sido o maior inimigo de Deus na Terra.

Temos de nos livrar de todos os sacerdotes – eles são a causa básica da patologia humana. Deixaram todo mundo nervoso, causaram uma epidemia de neurose. E a neurose passou a reinar de tal modo que nós a achamos natural. Achamos que a vida se resume a isso, que é assim mesmo: um longo e demorado sofrimento, uma existência dolorosa e angustiante. Em outras palavras, a autobiografia de uma tempestade num copo d'água.

Se olharmos para o que chamamos de vida, parecerá que é isso mesmo, porque nunca há sequer uma flor, uma canção no coração, um raio de alegria divina.

Não surpreende o fato de que pessoas inteligentes do mundo todo estejam se perguntando qual o sentido da vida. "Por que deveríamos continuar vivendo? Por que somos tão covardes a ponto de continuar vivos? Por que não temos coragem suficiente para pôr fim a toda essa bobagem? Por que não podemos cometer o suicídio?"

Em nenhuma outra época existiram tantas pessoas convictas de que a vida não tem significado algum. Durante séculos, pelo menos nos últimos 5.000 anos, os sacerdotes têm causado esse mal. Agora, a situação chegou a um clímax. Não é uma situação que provocamos – nós somos as vítimas da História. Se o homem se tornasse um pouco mais consciente, a primeira coisa que faria seria queimar todos os livros de História. Devemos esquecer o passado, foi um pesadelo completo. Vamos começar novamente do zero, como se Adão tivesse nascido outra vez. Comecemos como se estivéssemos mais uma vez no Jardim do Éden, inocentes, não contaminados...

Faça o que a sua natureza quer fazer, o que suas qualidades intrínsecas anseiam por fazer. Não dê ouvidos às escrituras. Ouça seu próprio coração; essa é a única escritura que prescrevo. Ouça com muita atenção, com muita consciência, e nunca estará errado. Ouvindo o seu coração, você nunca ficará dividido. Ao escutar o seu coração, começará a tomar a direção correta, sem jamais pensar no que está certo ou errado.

Siga-o de qualquer maneira e vá aonde quer que o leve. Ele às vezes o colocará diante de perigos – mas lembre-se de que nesses casos alguns perigos são necessários para seu amadurecimento. Outras vezes o coração o levará a se extraviar – lembre-se, mais uma vez, que esses extravios fazem parte do crescimento. Muitas vezes, você cairá. Coloque-se de pé novamente, pois é assim que se fortalece – caindo e levantando-se outra vez. É assim que você se torna uma pessoa integrada.

Nunca siga regras impostas. Nenhuma regra imposta jamais pode estar certa, porque são inventadas por pessoas que querem dominá-lo. De fato, às vezes surgem pessoas muito iluminadas neste mundo – um Buda, um Jesus, um Krishna, um Maomé. Eles não impuseram regras ao mundo: ofereceram o amor que tinham. Contudo, cedo ou tarde os discípulos se reuniram e começaram a criar códigos de conduta. Depois que o Mestre se foi, depois que a luz se extinguiu e eles ficaram na mais completa escuridão, começaram a buscar novas regras para seguir, porque a luz que poderia guiá-los já não estava mais presente. Haviam passado a depender de regras.

O que Jesus fez foi seguir os sussurros do seu coração, mas os cristãos não seguem os sussurros do próprio coração. São imitadores – e, no momento em que você imita, insulta a sua própria humanidade, insulta o seu Deus.

Não seja um imitador; seja sempre original. Não se torne uma cópia. A vida é uma dança se você for original – é esse o seu destino. Não existem dois seres humanos iguais.

Inebrie-se do espírito, do silêncio do Mestre, aprenda a sua graça. Absorva o máximo possível do seu ser, mas não o imite. Inebriando-se de seu espírito, bebendo de seu amor, recebendo sua compaixão, você conseguirá ouvir os sussurros do seu coração. Não passam de murmúrios, pois o coração tem uma voz muito sutil e silenciosa.

Esqueça tudo o que tem ouvido por aí: "Isto está certo e aquilo está errado." A vida não é tão rígida. O que é certo hoje pode ser errado amanhã. A vida não pode ser dividida em compartimentos, não é fácil rotulá-la. Ela não é um laboratório de química onde cada frasco tem um rótulo e o conteúdo de todos eles é conhecido. A vida é um mistério; num dado momento, algo é o certo. Numa outra ocasião, tanta água passou pelo Ganges que aquilo não se encaixa mais e passa a ser errado.

Qual é a minha definição de certo? Aquilo que está em harmonia com a existência é certo; o que está em desarmonia com a existência é errado. Você terá de ficar sempre muito alerta, decidindo a cada momento o que é certo ou errado. Não pode depender de respostas prontas.

A vida passa depressa demais – é dinâmica, não estática. Não é uma poça estagnada: é como o rio Ganges, nunca pára de fluir. Nunca é a mesma em dois momentos consecutivos. A única saída, então, é fazer com que as pessoas fiquem tão alertas que elas próprias possam decidir de que modo responder a uma vida em constante mudança.

Uma antiga história zen:

Havia dois templos rivais. Os dois mestres tinham uma rixa tão grande que diziam a seus seguidores para nunca olharem para o outro templo.

Cada um dos sacerdotes tinha um menino para servi-lo, ir buscar coisas para ele, cumprir pequenas tarefas. O sacerdote de um dos templos disse ao garoto que o servia:

– Nunca fale com o moleque do outro templo. Essas pessoas são perigosas.

Mas garotos são garotos. Um dia, eles se encontraram na estrada e um deles perguntou:

– Para onde você vai?

O outro disse:

– Para onde quer que o vento me leve.

Ele devia ouvir os grandes conceitos zen que se discutiam no templo. "Para onde quer que o vento me leve." Uma grande afirmação, puro Tao.

Mas o outro garoto ficou extremamente embaraçado, ofendido e não soube o que responder. "Bem que o mestre me disse para não falar com essas pessoas, são realmente perigosas. Que tipo de resposta foi essa? Ele me humilhou." O menino voltou ao mestre e contou o que havia acontecido.

– Lamento ter falado com ele. O senhor estava certo, aquelas pessoas são estranhas. Perguntei: "Para onde você vai?" – uma pergunta simples e formal –, e sabia que ele estava indo ao mercado, como eu. Mas ele respondeu: "Para onde quer que o vento me leve."

O mestre disse:

– Eu o avisei, mas você não me ouviu. Amanhã, quando ele passar, pergunte: "Para onde você vai?" E ele responderá: "Para onde quer que o vento me leve." Então, seja também um pouquinho mais filosófico. Diga: "E se você não tivesse pernas? Porque a alma não tem corpo e o vento não pode levar a alma a lugar algum!" O que me diz?

O menino passou a noite toda repetindo a frase, preparando-se para o encontro. E, na manhã seguinte, saiu muito cedo, foi até o ponto de encontro e exatamente no mesmo horário o outro menino apareceu. Estava muito feliz, pois agora iria mostrar o que era filosofia de verdade. Então perguntou para onde o outro ia e ficou só esperando...

Mas o menino disse:

– Vou buscar verduras no mercado.

Ora, o que fazer com a filosofia que aprendera?

A vida é assim. Não há como se preparar, como estar pronto para ela. Sua beleza e seu encanto é o fato de estar sempre nos pegando desprevenidos.

Eu lhe ensino uma lei intrínseca da vida: obedeça a seu próprio eu, seja uma luz para si mesmo. Se seguir a luz, esse problema nunca surgirá. Desse modo, qualquer coisa que fizer será a coisa certa a fazer e qualquer coisa que deixar de fazer será a coisa certa para não fazer...

O único jeito de ficar em contato com a vida, de não ficar para trás é ter um coração destituído de culpa, um coração inocente. Esqueça tudo o que já disseram sobre o que tem que ser feito e o que não deve ser feito. Ninguém pode decidir por você.

Evite esses farsantes que decidem por você, tome as rédeas em suas próprias mãos: você decide. Na verdade, é nesse ato de decisão que sua alma nasce. Quando os outros decidem em seu lugar, sua alma continua adormecida e obtusa. Quando você começa a decidir por si mesmo, também começa a ficar mais esperto. Decidir significa assumir riscos, significa que pode estar errado – esse é o risco. Quem sabe o que vai acontecer em seguida?

O que é velho tem garantias. Milhões e milhões de pessoas já fizeram o mesmo: como tantas pessoas poderiam estar erradas? Essa é a garantia. Se muitas pessoas dizem que algo está certo, então deve estar certo mesmo. Assuma todos os riscos necessários para ser um indivíduo e aceite os desafios para que você possa se aperfeiçoar, ficar mais hábil e inteligente.

A verdade não é uma crença – é inteligência absoluta. É o despertar das fontes ocultas da sua vida, é uma experiência iluminadora da sua consciência. Mas você terá de providenciar o espaço certo para que isso aconteça. E o espaço certo é a aceitação de quem você é. Não negue coisa alguma, não fique dividido nem se sinta culpado.

Desapegue-se da infelicidade

Deveria ser fácil deixar o sofrimento, a angústia e a infelicidade de lado. Você não quer ser infeliz, então não deveria ser difícil. Deve haver alguma complicação oculta. A complicação consiste no fato de que, desde a infância, não deixam que você fique feliz, extasiado, alegre.

Você tem sido obrigado a ser sério, e a seriedade pressupõe tristeza. Foi obrigado a fazer coisas que nunca quis. Está impotente, fraco, é dependente das outras pessoas – é natural que tenha que fazer o que elas mandam. Contra a própria vontade, foi forçado a fazer tantas coisas que, pouco a pouco, uma questão ficou bem clara: tudo que estiver contra você estará certo e tudo que não estiver contra você estará errado. Ao longo dos anos, você cresceu dessa forma e se encheu de tristeza, o que não é natural.

Ser feliz é ser natural, assim como ser saudável é ser natural. Quando você está saudável, não vai ao médico perguntar: "Doutor, por que estou saudável?" Não há necessidade de fazer perguntas sobre sua saúde. Quando doente, contudo, imediatamente pergunta: "Por que não me sinto bem? Qual é a razão, a causa da minha doença?"

É perfeitamente aceitável querer saber por que está infeliz. Errado é querer saber por que está feliz. Na sociedade em que foi criado, a alegria e a felicidade que não possuem uma razão específica são tachadas de loucura. Se alguém sorri sem um motivo específico, as pessoas acham que está de miolo mole – por que está sorrindo? Por que essa cara tão feliz? E se a pessoa responder "Não sei, só estou contente", essa resposta só confirmará a idéia de que há algo errado.

Porém, quando alguém está infeliz, ninguém pergunta o motivo. Ser infeliz é natural, todo mundo é. Isso causa todo sofrimento da humanidade, porque todo mundo está onde não devia estar, sendo algo que não deveria ser. Como as pessoas não podem estar onde precisam – onde, por direito nato, deveriam estar –, são infelizes. Você tem vivido nesse estado, cada vez mais distanciado de si mesmo. Já esqueceu o caminho de volta para casa. Seja lá onde estiver, acha que está em casa – a infelicidade tornou-se seu lar e a angústia é uma segunda natureza. O sofrimento é aceito como se indicasse saúde, não doença.

Quando alguém lhe diz "Saia dessa vida infeliz, deixe de lado esse sofrimento que está carregando desnecessariamente", uma questão vem à tona: "Isso é tudo o que temos! Se deixarmos isso de lado, não seremos ninguém, perderemos nossa identidade. Pelo menos agora eu sou alguém – sou infeliz, triste, sofrido. Se abandonar tudo isso, terei de descobrir minha identidade. Quem sou eu?" Ninguém quer ficar pelado no meio da rua.

É melhor ser infeliz – pelo menos você tem algo que vestir, embora seja a tristeza... mas não faz mal, todo mundo está vestindo o mesmo tipo de roupa.

Essas são as duas possibilidades.

A terceira possibilidade foi completamente esquecida. A terceira é a sua realidade, e nela não há nem um pingo de infelicidade. A natureza intrínseca do homem é o êxtase.

O êxtase não é algo que precise ser alcançado.

Já está presente, você nasceu com ele.

Nunca o perdemos, apenas nos afastamos demais dele, voltando as costas para nós mesmos.

Ele está bem atrás de nós; basta uma pequena virada para que ocorra uma grande revolução.

Existem, porém, falsas religiões ao redor do mundo que dizem que você é infeliz porque, no passado, cometeu más ações. Tudo bobagem. Afinal, por que a existência precisaria esperar uma vida inteira para castigá-lo? Na natureza, as coisas acontecem de imediato. Por acaso você põe a mão no fogo e, na vida seguinte, ela será queimada? Que estranho! Não, você será queimado no mesmo instante, no ato. Causa e efeito estão ligados, não pode haver distância entre eles.

Mas as falsas religiões continuam consolando as pessoas: "Não se preocupem. Pratiquem bons atos, mostrem mais devoção. Vão ao templo ou à igreja e a sua próxima vida não será tão miserável." Parece que ninguém paga à vista, tudo fica para a vida seguinte. E ninguém volta da vida seguinte para dizer: "Essas pessoas só estão falando mentiras."

Religião é dinheiro na mão; não é sequer um cheque.

Cada religião encontrou uma estratégia diferente, mas a razão é a mesma. Cristãos, judeus, muçulmanos dizem às pessoas: "Vocês estão sofrendo porque Adão e Eva cometeram um pecado." O primeiro casal que existiu, milhares de anos atrás... e nem mesmo foi um grande pecado – e você o comete todos os dias. Eles simplesmente comeram maçãs e Deus os tinha proibido de fazer isso. A questão não é a maçã, a questão é que, milhares de anos atrás, alguém desobedeceu a Deus. Essas pessoas foram castigadas, expulsas do Jardim do Éden, do paraíso de Deus. Por que nós estamos sofrendo? Porque eram nossos antepassados.

A realidade é bem diferente. Não é uma questão de cometer maus atos; a questão é que você foi afastado de si mesmo, de seu êxtase natural. E nenhuma religião quer que você fique em êxtase – do contrário, o que aconteceria às suas disciplinas? O que aconteceria às suas grandes práticas ascetas?

Se deixar a infelicidade de lado for tão fácil quanto eu digo, todas as falsas religiões perderão seus negócios. Tudo é um negócio para elas. O êxtase tem de ser algo tão difícil, quase impossível de alcançar, de forma que as pessoas só possam ter esperança de atingi-lo numa vida futura, depois de longas e penosas jornadas.

Mas digo por experiência própria: para mim, tudo aconteceu

com muita facilidade. Também vivi muitas vidas passadas e certamente devo ter cometido maus atos num número muito maior do que qualquer pessoa – porque não os considero maus atos. Apreciar a beleza, apreciar o sabor, apreciar tudo o que deixa a vida mais fácil de ser vivida, mais cheia de amor, nada disso é ruim para mim.

Quero que você fique mais sensível, mais esteticamente sensível a essas coisas. Elas o tornarão mais humano, o deixarão mais terno, mais grato pela vida.

Não se trata de uma questão teórica para mim. Simplesmente aceitei o nada como uma porta – que chamo de meditação, apenas um outro nome para o nada. E, no momento em que o nada surge repentinamente, em que você fica cara a cara consigo mesmo, toda a infelicidade desaparece.

A primeira coisa que faz é rir de si mesmo, do idiota que é. Essa infelicidade nunca existiu, você a criou com uma mão e tentou destruí-la com a outra – e, naturalmente, ficou dividido, num estado de esquizofrenia.

A coisa mais simples da vida é ser você mesmo.

Não exige nenhum esforço; você já é você mesmo.

Basta lembrar-se... basta jogar fora todas as idéias estúpidas que a sociedade impôs. E isso é tão simples quanto uma cobra que troca de pele sem nunca olhar para trás. Trata-se apenas de uma pele velha.

Se entender isso, pode acontecer neste mesmo instante. Pois, neste exato momento, você consegue ver que não existe infelicidade, não existe angústia. Está em silêncio, parado na porta do nada – dê um passo à frente e encontrará o maior dos tesouros esperando por você há milhares de vidas.

Tome consciência do êxtase

A mente em geral está consciente da dor, mas nunca do êxtase. Se você tem dor de cabeça, está consciente dela. Se não tem dor de cabeça, não se dá conta do bem-estar. Quando o corpo dói, fica consciente dele, mas, quando o corpo está perfeitamente saudável, você não tem consciência da sua saúde.

Essa é a causa básica que faz com que você se sinta tão infeliz: toda a nossa consciência está concentrada na dor. Nós só contamos os espinhos – nunca olhamos para as flores. De algum modo, escolhemos os espinhos e ignoramos as flores. Por uma razão biológica, a natureza fez com que você tivesse consciência da dor para poder evitá-la. De outro modo, sua mão podia ser queimada sem que notasse, seria difícil sobreviver. A natureza, no entanto, não tem qualquer sistema para deixá-lo consciente do prazer, da alegria, da bem-aventurança. Isso tem que ser aprendido, tem que ser praticado. Trata-se de uma arte.

Deste momento em diante, procure ficar consciente das coisas que não são naturais. Por exemplo, seu corpo está saudável: sente-se silenciosamente e tome consciência dele. Sinta o bem-estar. Não há nada de errado com você – aproveite! Faça um esforço deliberado para ter percepção disso. Você se alimentou bem e o seu corpo está satisfeito, saciado: tome consciência disso.

Quando você está com fome, a natureza o deixa consciente disso, mas não tem um sistema para deixá-lo consciente quando está saciado, é algo que tem de ser desenvolvido. A natureza precisa aprimorar essa capacidade porque a sobrevivência é tudo o que tem em vista – qualquer coisa além disso é luxo. A felicidade é um luxo, o maior luxo que existe.

Observo que é isso que faz com que as pessoas sejam tão infelizes – na verdade, não são tão infelizes quanto parecem. Têm muitos momentos de grande alegria, mas esses momentos passam em branco, pois elas nunca tomam consciência deles. A memória das pessoas está sempre cheia de dor e de feridas. A mente, sempre cheia de pesadelos. Num período de 24 horas acontecem milhares de coisas pelas quais você daria graças a Deus, mas sequer se dá conta delas!

Você precisa começar a fazer isso a partir de agora. Ficará surpreso ao ver que a alegria aumentará dia após dia, enquanto a dor e a tristeza diminuirão proporcionalmente, até chegar o dia em que a vida será quase uma celebração. A dor só surgirá de vez em quando e fará parte do jogo. Você não ficará abalado nem perturbado, apenas aceitará.

Se você aprecia a sensação de saciedade que surge depois que come, sabe que a fome provoca uma leve dor... e isso é bom. Se teve uma boa noite de sono e pela manhã se sentiu vivo e revigorado, sabe que, se passar uma noite sem dormir, sentirá um leve mal-estar, mas isso também faz parte do jogo.

Sei por experiência própria que a vida consiste em 99% de alegria e 1% de dor. Contudo, a vida das pessoas consiste em 99% de dor e 1% de alegria – está tudo invertido.

Fique cada vez mais consciente do prazer, da felicidade, do positivo, das flores, dos pequenos raios de sol em meio às nuvens negras.

CAPÍTULO 3

CONDIÇÕES BÁSICAS PARA O BEM-ESTAR

Ouça o seu corpo. O corpo não é seu inimigo e, quando ele disser algo, aja de acordo com isso, porque tem sua própria sabedoria. Não o perturbe, não se deixe levar pela cabeça. Eu não ensino regras rígidas, apenas tento aumentar sua consciência. Ouça o seu corpo.

O corpo é seu amigo. Ouça a sua linguagem, decodifique-a e, pouco a pouco, à medida que se aprofundar no livro do seu corpo e virar suas páginas, começará a perceber todo o mistério da vida. Ampliado milhões de vezes, está no mundo todo. Condensado numa pequena fórmula, contudo, ele está presente no seu corpo.

Faça contato com o corpo

Você não está em contato com muitas coisas no seu corpo, só o está carregando. Contato significa uma profunda sensibilidade. Você talvez nem sinta seu corpo ou apenas o sinta quando está doente. Se existe uma dor de cabeça, então você percebe a cabeça. Se uma perna dói, é possível notá-la. Só se está consciente quando alguma coisa vai mal.

Se tudo está bem, você permanece inconsciente e, na verdade, esse é o momento em que é possível fazer contato – quando tudo está bem –, porque, quando algo vai mal, o contato é feito com a doença, com aquilo que vai mal, e o bem-estar desaparece. Está se sentindo bem agora, mas, de repente, sua cabeça começa a doer e você faz contato. O contato não é feito com a cabeça e sim com a dor de cabeça. O contato com a cabeça só é possível quando ela não está com dor e está cheia de bem-estar. Mas quase perdemos essa capacidade. Não fazemos contato quando estamos bem. O nosso contato, portanto, é só uma medida de emergência. Surge a dor de cabeça – é preciso tomar um remédio, algo tem de ser feito, por isso você se conecta e toma uma providência.

Tente fazer contato com o seu corpo quando tudo estiver bem. Deite-se na grama, feche os olhos e perceba a sensação que vai por dentro, o bem-estar que está borbulhando. Deite-se em um riacho, com a água tocando seu corpo e todas as células se refrescando. Sinta, por dentro, o frescor invadindo célula por célula, penetrando fundo no seu corpo.

Sente-se ao sol. Deixe que os raios penetrem através da sua pele. Sinta o calor à medida que ele invade o seu corpo, penetrando cada vez mais fundo, como se tocasse suas células sangüíneas e chegasse até os ossos. O sol é vida, é a própria fonte. Então, com os olhos fechados, sinta o que está acontecendo. Fique alerta, observe e aproveite. Pouco a pouco, você irá tomando consciência de uma harmonia muito sutil, uma bela música que toca continuamente dentro de si. Então você terá feito contato com o corpo – do contrário, está carregando um corpo morto.

Na Rússia, pesquisas foram realizadas durante décadas e os cientistas chegaram a muitas conclusões. Um dos resultados mais relevantes é o de que, sempre que ocorre uma doença, o corpo passa os seis meses que a antecedem nos enviando sinais de que isso ocorrerá. Seis meses é um tempo bem longo! Uma doença vai surgir no ano que vem; no meio deste ano, o corpo já começa a mandar sinais – mas você não ouve, não entende, não sabe. Só se dá conta da doença quando já apareceu, ou nem mesmo percebe quando isso acontece – é um médico que descobre primeiro que existe algo errado.

Uma pessoa que pesquisou por vários anos criou filmes e câmeras capazes de detectar uma doença antes que ela realmente se manifeste. Ela diz que o paciente pode ser tratado sem que sequer saiba que está doente. Se um câncer irromperá no ano que vem, pode ser tratado a partir de já. Não existem indicações físicas, mas começam a ocorrer mudanças na eletricidade do corpo. Primeiro ocorrerão mudanças na bioenergia, depois essas mudanças atingirão o físico. Se a camada bioenergética for tratada, o corpo físico não chegará a ser atingido.

Graças a essa pesquisa, será possível, no futuro, evitar que as pessoas fiquem doentes e não haverá mais necessidade de hospitais. A doença poderá ser tratada antes que atinja o corpo.

Talvez você tenha ouvido muitas histórias sobre *sannyasins* hindus, *bhikkus* budistas e monges zen que anunciam a própria morte com antecedência. E talvez fique surpreso ao saber que isso sempre ocorre seis meses antes da morte – nunca antes, são sempre seis meses. Isso não é acidental, há um sentido para esses seis meses. Antes que o corpo físico morra, a bioenergia começa a diminuir e alguém que está em profundo contato com sua energia percebe isso. Vida significa expansão, morte significa retração. Ela sente que a energia vital está se retraindo e, então, anuncia que irá morrer em seis meses. Os monges zen são conhecidos pelo fato de até escolherem o modo como morrerão – porque eles sabem.

Antes de mais nada, então, torne-se cada vez mais sensível com relação a seu corpo. Ouça o que ele diz – você fica tão concentrado na cabeça que nunca ouve o que o corpo diz. Quando existe um conflito entre mente e corpo, na maioria das vezes o corpo estará mais correto do que a mente porque o corpo é natural, enquanto a mente é social. O corpo pertence a esta vasta natureza, e a mente, à sociedade, à época em que vivemos. O corpo tem raízes profundas na existência, enquanto a mente é só uma ondulação na superfície. Mas você sempre ouve a mente e nunca o corpo – esse longo contato habitual se perdeu.

Você tem um coração e o coração é a raiz, mas você não faz contato. Comece a se conectar com o corpo e logo você perceberá que ele vibra em torno do centro do coração, assim como todo o sistema solar gira em torno do sol. Os hindus chamam o coração de sol do corpo. O corpo inteiro é um sistema solar que gira em torno do coração. Você passou a ter vida quando o coração começou a bater e morrerá quando ele parar. O coração continua sendo o centro solar do seu corpo. Fique atento a ele. Contudo, só vai ficar atento a ele se, gradativamente, passar a observar o corpo inteiro.

Seja verdadeiro consigo mesmo

Lembre-se sempre de ser verdadeiro consigo mesmo. Para isso, é preciso estar atento a três coisas. Primeiro, nunca ouça alguém que diga o que você tem de ser. Ouça sempre a sua voz interior, o que você gostaria de ser. Do contrário, toda a sua vida será desperdiçada.

Há milhares de tentações à sua volta, porque existem muitas pessoas vendendo coisas por aí. Os supermercados, o mundo, as pessoas, todos estão interessados em lhe vender algo. Todo mundo é um vendedor e, se você ouvir vendedores demais, ficará louco. Não ouça ninguém, simplesmente feche os olhos e ouça a sua voz interior. É disso que trata a meditação: ouvir a sua voz interior.

A segunda coisa – que só é possível se você já tiver feito a primeira – é nunca usar uma máscara. Se está zangado, fique zangado. É arriscado, mas não sorria, pois isso não será verdadeiro. Você aprendeu a sorrir quando está zangado, então o sorriso fica falso, vira uma máscara. É só um exercício com os lábios, nada mais. O coração está cheio de fúria, de veneno, e os lábios sorriem – você se tornou falso.

Outra coisa também acontecerá: quando quiser sorrir, não conseguirá. Todo o seu mecanismo está revirado, pois quando quis ficar com raiva não pôde. Agora você quer amar, mas, de repente, descobre que o sistema não funciona. Quer sorrir, mas tem de forçar o sorriso. Seu coração está pleno de sorrisos e você quer rir alto, mas não consegue, algo fica reprimido no coração, engasgado na garganta. O sorriso não vem ou, se vem, é pálido e apagado. Não o deixa feliz. Você não se empolga com ele. Não há luminosidade à sua volta.

Quando quiser ficar com raiva, fique. Não há nada de errado em ficar com raiva. Quando quiser rir, ria. O que há de errado em rir alto? Pouco a pouco, verá que todo o seu organismo está funcionando. Dá para notar: sempre que o mecanismo de uma pessoa está funcionando bem, dá para ouvir um zumbido em torno dela. Ela caminha, mas o passo é como uma dança. Fala, mas suas palavras têm uma poesia sutil. Quando olha para alguém, de fato olha: não é indiferente, é calorosa. Quando toca, ela realmente o faz – você pode sentir a energia entrando em seu corpo, uma corrente de vida sendo transferida... Seu mecanismo está funcionando bem.

Não use máscaras. Se fizer isso, criará disfunções e bloqueios em seus sistemas. Existem muitos bloqueios no seu corpo. A pessoa que costuma reprimir a raiva tem os maxilares travados. Toda a raiva vai para os maxilares e fica estagnada ali. As mãos ficam feias. Não têm os movimentos graciosos de um dançarino porque a raiva vai para os dedos e fica ali, bloqueada.

Lembre-se, a raiva tem duas fontes. Uma são os dentes, a outra são os dedos, pois todos os animais, quando estão zangados, vão mordê-lo com os dentes ou arranhá-lo com as garras. Portanto, as unhas e os dentes são os dois pontos por onde a raiva é extravasada. Eu tenho a suspeita de que, sempre que a raiva é muito reprimida, as pessoas tem problemas nos dentes. Os dentes estragam porque muita energia se acumula ali sem ser liberada. E qualquer um que reprime a raiva comerá mais – as pessoas com raiva sempre comem mais porque os dentes precisam ser movimentados.

As pessoas com raiva fumarão mais. Falarão mais: podem virar tagarelas obsessivas porque, de algum modo, os maxilares precisam se mover para que um pouco de energia seja extravasada. E as mãos das pessoas com raiva ficarão nodosas, feias. Se a energia tivesse sido liberada, as mãos poderiam ser belas. Se você reprime alguma coisa, existe uma parte do corpo que corresponde a essa emoção. Se não quer chorar, seus olhos perderão o brilho, pois as lágrimas são necessárias. Se você chora de vez em quando, e as lágrimas começam a fluir, seus olhos ficam mais limpos, renovados, jovens, virgens.

Lembre-se de que, se você não consegue chorar de verdade, também não consegue rir, pois essa é a outra polaridade. As pessoas que conseguem chorar também conseguem rir. E talvez você já tenha visto isso em crianças: se riem muito e por muito tempo, depois começam a chorar, porque as duas coisas estão ligadas. Os dois fenômenos não são diferentes, é a mesma energia indo para pólos opostos.

Portanto, não use máscaras – seja verdadeiro, custe o que custar.

A terceira coisa diz respeito à autenticidade: fique sempre no presente, porque toda falsidade vem do passado ou do futuro. O que passou passou – não se preocupe mais com isso. E não carregue o passado como um fardo; do contrário, isso não deixará que você seja autêntico no presente. Além disso, tudo o que ainda não aconteceu de fato não aconteceu – não fique se preocupando à toa com o futuro, senão isso interferirá no presente e o estragará. Seja verdadeiro no presente e você será autêntico. Estar aqui e agora é ser autêntico.

Relaxe e aceite a vida como ela é

A sociedade certamente o prepara para a atividade, a ambição, a rapidez, a eficiência. Não o prepara para relaxar, não fazer nada e descansar. Ela condena todos os tipos de descanso, como se fossem pura preguiça. Condena as pessoas que não vivem correndo – porque toda a sociedade vive correndo, tentando chegar a algum lugar. Ninguém sabe aonde vai, mas todo mundo está preocupado em andar mais rápido!

Ouvi falar sobre um casal que dirigia por uma estrada em alta velocidade. A mulher não cansava de repetir para o marido:

– Dê uma olhada no mapa.

E o homem respondia:

– Fique quieta. Boca fechada! Eu estou dirigindo. Não importa para onde estamos indo, o que importa é ir rápido.

Ninguém sabe, afinal, para onde e por que estavam indo.

Toda a sociedade está preparada para o trabalho. Essa é uma sociedade viciada em trabalho. Não quer que você aprenda a relaxar, por isso, desde a infância, colocam na sua cabeça idéias contra o relaxamento.

Não estou dizendo para você relaxar o dia inteiro, e sim para fazer o seu trabalho, encontrar algum tempo para si mesmo – e isso só é possível se estiver relaxado. Você ficará surpreso ao perceber que, se conseguir relaxar durante uma hora ou duas a cada 24 horas, terá uma percepção muito mais aguçada de si mesmo. Isso mudará o seu comportamento externamente: ficará mais calmo, mais silencioso. E mudará a qualidade do seu trabalho: ficará mais artístico e elegante. Você cometerá menos erros do que o habitual, porque ficará mais coeso, mais centrado.

Trata-se de puro relaxamento em todas as três camadas – corpo, mente e coração. Durante duas horas, a pessoa fica quase ausente. Nessas duas horas, seu corpo, seu coração e sua inteligência se recuperam, e é possível perceber isso no dia-a-dia dessa pessoa.

Ela não será uma perdedora – embora não seja mais agitada nem precise correr desnecessariamente o dia inteiro. Irá direto ao ponto em que quer chegar. E fará as coisas que precisa; não se preocupará em fazer coisas supérfluas. Dirá só o que é necessário. Suas palavras passarão a ser telegráficas; seus movimentos, graciosos; sua vida se tornará uma poesia.

O relaxamento pode transformá-lo, levando-o a alturas belíssimas – e trata-se de uma técnica muito simples. Não existe nada demais nessa técnica; você só sentirá um pouco de dificuldade nos primeiros dias, porque a agitação é um hábito antigo. À medida que o relaxamento se aprofunda, se torna meditação. Meditação é o nome que se dá ao relaxamento mais profundo.

Libere a sabedoria do corpo

O corpo tem uma grande sabedoria. Libere-a. Deixe que o corpo siga cada vez mais sua própria sabedoria. E, sempre que tiver tempo, simplesmente relaxe. Deixe que a respiração siga um ritmo natural. Nosso hábito de interferir tornou-se tão entranhado que não conseguimos nem respirar sem intervir nisso. Se observar a respiração, vai perceber no mesmo instante que já começou a interferir – você começa a respirar fundo ou a expirar mais ar. Não é preciso interferir, de forma alguma. Apenas deixe que a respiração aconteça de modo natural, o corpo sabe do que necessita. Se precisar de mais oxigênio, respirará mais; se precisar de menos oxigênio, respirará menos.

Deixe a respiração por conta do corpo! E, sempre que sentir algum ponto de tensão, relaxe. Muito lentamente... primeiro comece a relaxar enquanto estiver sentado, descansando; depois, quando estiver ocupado, fazendo alguma coisa. Se estiver limpando o chão ou ocupado na cozinha ou no escritório, mantenha esse estado relaxado. A ação não precisa atrapalhar esse estado de relaxamento. Assim, suas atividades terão beleza, uma grande beleza. Terão o sabor da meditação. As pessoas, no entanto, continuam a fazer esforços desnecessários. Algumas vezes, esses esforços funcionam como uma barreira; são problemas que elas mesmas criam.

Basta observar... Existem situações em que, se você forçar, nada conseguirá. Não apresse o rio nem tente nadar correnteza acima. O rio corre para o mar naturalmente – seja apenas parte dele, parte da sua jornada. Ele o levará ao ponto final. Se relaxarmos, descobriremos; se não relaxarmos, não descobriremos. O relaxamento torna-se a porta para essa grande descoberta – a iluminação.

Uma sinfonia de alegria

Na verdade, alegria significa apenas que seu corpo está numa sinfonia, nada mais do que isso. Seu corpo está seguindo um ritmo melodioso. Alegria não é prazer; o prazer tem de ser decorrência de uma outra coisa. A alegria é ser simplesmente você mesmo, vivo, absolutamente vibrante, vital. O sentimento de uma música sutil ao seu redor e dentro do seu corpo, uma sinfonia, isso é alegria. Você estará alegre quando seu corpo estiver fluindo como um rio. Um organismo saudável é sempre capaz de atingir picos de orgasmo. É orgástico, está correndo, fluindo.

Quando um homem feliz ri, é como se todo o seu corpo risse. Não são somente os lábios ou o rosto. Ele ri dos pés à cabeça, como um organismo inteiro. O riso flui, em pequenas ondulações, por todo o seu ser. Toda a sua bioenergia se agita por meio do riso. Quando uma pessoa saudável está triste, está realmente triste, de corpo inteiro. Quando uma pessoa saudável está zangada, está realmente zangada, de corpo inteiro. Quando faz amor, só faz amor: ela é amor; nada mais do que isso. Na verdade, dizer que "faz" amor não é correto. Essa expressão é vulgar, porque o amor não pode ser "feito". Portanto, ela não faz amor, ela é amor. Não é nada a não ser energia de amor. E, em tudo o que faz, é assim que ela é. Se está caminhando, é pura energia caminhando. Se está cavando um buraco, é puramente o ato de cavar.

Uma pessoa saudável não é uma entidade, mas um processo dinâmico. Podemos dizer que uma pessoa saudável não é um substantivo, mas um verbo – não é um fluxo, mas o fluir. Está continuamente fluindo em todas as dimensões, transbordando. Qualquer sociedade que impeça isso é patológica. Qualquer pessoa que esteja de algum modo bloqueada está num estado patológico, desequilibrado. Só uma parte está funcionando, não o todo.

Muitas mulheres não sabem o que é orgasmo. Muitos homens não sabem o que é um orgasmo completo. Muitos só têm um orgasmo localizado, um orgasmo genital. Só uma leve agitação nos genitais e acabou. Não é como uma possessão em que o corpo inteiro cai num redemoinho e se perde num abismo. Por alguns momentos, o tempo pára e a mente deixa de funcionar. Por alguns momentos, você não sabe quem é. Esse é o orgasmo completo.

O ser humano é doente e patológico porque a sociedade o mutilou em muitos sentidos. Não deixam que você ame totalmente, não deixam que tenha raiva; não deixam que seja você mesmo. Milhares de limitações são impostas.

Se quiser ser realmente saudável, terá de se livrar das restrições. Terá de apagar tudo o que a sociedade fez com você. A sociedade é criminosa, mas é a única que temos, por isso não há nada que se possa fazer no momento. Cada pessoa tem de encontrar a sua própria maneira de se livrar dessa sociedade patológica, e a melhor maneira é começar tornando-se uma pessoa orgástica de todas as formas possíveis.

Se for nadar, então nade, mas nade com todo o seu ser, de modo que você se torne o nadar, um verbo; o substantivo desaparece. Se for correr, então corra; depois torne-se o correr, não um corredor. Nos Jogos Olímpicos, vemos corredores, egos, competidores... ambição. Se conseguir simplesmente correr sem que o corredor esteja presente, esse correr torna-se zen; torna-se uma meditação. Dance, mas não se torne um dançarino, pois o dançarino começa a manipular e por isso não está totalmente na dança. Dance e deixe que a dança o leve para onde quiser.

Siga com a vida, confie na vida, e, pouco a pouco, a vida acabará com todos os seus bloqueios, a energia começará a fluir por todas as partes.

Assim, faça o que fizer, faça-o com a idéia secreta de que você tem de se tornar mais fluido. Se segurar a mão de alguém, segure-a de fato. Você a seguraria de qualquer jeito, então por que desperdiçar esse momento? Segure-a de verdade! Não deixe que sejam apenas duas mãos mortas segurando uma na outra, só esperando pelo momento de se separar. Se for conversar, então deixe que a conversa seja entusiasmada, do contrário você entediará a si mesmo e aos outros. A vida tem de ser uma paixão, uma paixão vibrante, uma paixão pulsante, uma energia estrondosa. Faça o que fizer, não deixe que isso seja aborrecido – do contrário, não o faça. Não é *preciso* fazer nada, mas, sempre que estiver fazendo algo, faça de verdade.

Pouco a pouco, todos os bloqueios desaparecerão e sua vida toda será recuperada. Seu corpo será recuperado; sua mente será recuperada. A sociedade mutilou seu corpo, sua mente – tudo. Deram a você algumas escolhas, deixaram algumas pequenas aberturas e só é possível olhar através delas. Nunca deixam que veja a totalidade das coisas.

Ria e seja inteiro

O senso de humor reunirá as partes que foram separadas, colará seus fragmentos, deixando-o inteiro. Não reparou nisso? Quando dá uma boa risada, de repente todos os fragmentos desaparecem e você se torna uma coisa só. Quando ri, sua alma e seu corpo se tornam uma coisa só – eles riem juntos. Quando pensa, seu corpo e sua alma estão separados. Quando chora, seu corpo e sua alma também são uma coisa só, funcionando em harmonia. Lembre-se sempre: todas essas coisas são boas, fazem bem, pois fazem de você um só todo. Rir, chorar, dançar, cantar – tudo isso faz de você um conjunto em que tudo funciona em harmonia.

Sua cabeça pode estar pensando enquanto o corpo continua fazendo mil coisas diferentes. Você pode comer enquanto a mente pensa e então ocorre uma divisão. Você anda na rua e, enquanto o corpo anda, a mente está pensando. Não que esteja pensando na rua, nas árvores que o cercam, no sol, nas pessoas em volta – está pensando em outras coisas, está em outro mundo.

Mas, ao rir, se a risada for de fato profunda – se não for uma pseudo-risada, que só acontece nos lábios –, sentirá de repente seu corpo e sua alma funcionando juntos. A risada não está só no seu corpo, ela penetra no fundo do seu ser. Surge de você e se espalha por toda a circunferência. Você é um só quando ri.

Minha definição de saúde é que, quando você não percebe a existência do corpo, está saudável. O mesmo vale para a mente saudável. Só uma mente insana pode ser sentida. Quando a mente está sã, silenciosa, não é possível senti-la. Quando o corpo e a mente estão silenciosos, é possível sentir a alma com mais facilidade, com uma risada. Não há por que ser sério.

Aproveite a vida, ria das coisas ridículas à sua volta. Ria durante todo o trajeto até o templo de Deus. Aqueles que riram bastante chegaram lá – as pessoas sérias ainda estão perambulando por aí, com a cara amarrada.

CAPÍTULO 4

SINTOMAS E SOLUÇÕES

Quando você não se comporta naturalmente com seu corpo, surge uma doença. Essa doença é sua amiga. Ela diz: "Cuide-se, mude seu comportamento! Em algum ponto você está indo contra a natureza." Se não se alimentar por três ou quatro dias, vai ficar com tontura, com fome e melancólico. Todo o seu corpo estará dizendo "Coma!", porque precisa de energia.

Lembre-se de que a energia é neutra. Portanto, toda a qualidade do seu ser depende de você. É você quem decide se será feliz ou infeliz. Ninguém mais é responsável.

Quando sentir fome, coma. Quando sentir sede, beba. Quando sentir sono, durma. Não force a natureza. Por um tempo curto, é possível forçá-la, porque até esse ponto existe liberdade. Se quiser jejuar, pode fazer isso por alguns dias, mas, conforme o tempo passar, você ficará mais fraco e cada vez mais infeliz. Se não quiser respirar, pode prender a respiração por alguns segundos, mas só por alguns segundos – esse é o limite de sua liberdade. Não durará muito: logo surgirá uma sensação de sufocamento e agonia se a respiração não for normalizada.

Toda infelicidade existe para indicar que, em algum lugar, você se desviou, saiu dos trilhos. Volte imediatamente! Se começar a ouvir seu corpo, a ouvir a natureza, a ouvir seu ser interior, será cada vez mais feliz. Torne-se um bom ouvinte da natureza.

Tensão na barriga

Pergunta: "*Geralmente, sinto o estômago duro como uma rocha. Como posso aliviar essa tensão?*"

A maioria das pessoas sente tensão no estômago. O abdômen é a causa de mil e uma doenças – físicas, mentais ou ambas –, pois é o centro onde sua psicologia e sua fisiologia se encontram. O umbigo é o ponto de contato entre a psicologia e a fisiologia. Portanto, se em volta do umbigo a musculatura ficar rija como uma rocha, é porque você está muito dividido. Sua mente e seu corpo se separaram.

Por conta disso, você deve fazer coisas que só a mente percebe, enquanto o corpo não está pronto para isso. Por exemplo, enquanto você come, o corpo não está mais com fome, mas você continua comendo porque a mente está gostando do sabor do alimento. Você não percebe o que o corpo está pedindo porque o sentimento está separado. Às vezes pode acontecer de você estar tão envolvido num jogo de cartas ou num filme que nem percebe que o corpo está com fome. É como duas linhas paralelas que nunca se encontram. Isso é esquizofrenia, e é muito raro encontrar uma pessoa que não seja, num certo sentido, esquizofrênica. Mas um sintoma sempre estará presente: a tensão no estômago.

A primeira coisa a fazer é começar a expirar profundamente. Quando estiver fazendo isso naturalmente, terá de empurrar o estômago para dentro. Então relaxe e deixe o ar entrar rapidamente. Esse movimento será como um martelar – acabará com a estrutura rígida em torno do estômago.

A segunda coisa a fazer é, pela manhã, depois do funcionamento dos intestinos, quando o seu estômago está vazio, massageá-lo com uma toalha molhada. Comece pelo canto direito e dê a volta pelo abdômen, não o contrário. Depois de três ou quatro minutos de massagem, se sentirá mais relaxado.

E a terceira coisa: sempre que puder, corra um pouco. Correr é muito bom. Faça essas três coisas e, dentro de um mês, essa tensão vai desaparecer.

Sentindo-se desligado do corpo

Pergunta: *"Não sinto o meu corpo. Como posso ter mais contato com ele?"*

A primeira coisa a fazer é voltar para o corpo. Se não estamos em contato com ele, não estamos em contato com a terra. Estamos desenraizados e, se não estamos enraizados no corpo, não podemos fazer nada. Depois de fincar raízes no corpo, tudo passa a ser possível.

Problemas como o ciúme, a possessividade e a ganância fazem parte desse desenraizamento. Como não estamos enraizados, ficamos sempre com medo; por causa desse medo, somos possessivos, não confiamos em ninguém e passamos a ter ciúme. Na verdade, não conseguimos confiar em nós mesmos – esse é o problema. Como podemos confiar em nós mesmos se não estamos enraizados na terra? A confiança vem quando temos raízes profundas. Nesse caso, aconteça o que acontecer, sabemos que seremos capazes de dar conta da situação, sabemos que conseguiremos enfrentá-la. Você não se agarra aos outros – não há necessidade: você se basta.

Assim, a primeira coisa a fazer é ficar cada vez mais enraizado no corpo. Sinta mais o corpo, aprecie os movimentos, faça corridas pela manhã e desfrute do seu corpo, sentindo a energia circular. Vá nadar: sinta o corpo e o toque da água na sua pele. Corra, dance e pule ao ar livre, sob o sol, e deixe que o corpo volte a pulsar de prazer.

Além disso, respire fundo sempre que possível. Depois de restabelecer o contato com o corpo, vai se sentir vivo outra vez e nove entre dez problemas desaparecerão.

Essa é uma das estratégias que a sociedade usou para alienar as pessoas delas mesmas. Ela cortou o contato com o corpo e você agora é como um fantasma dentro de uma máquina. Você está no corpo e, mesmo assim, não está – está só flutuando em volta dele. Pega na mão de um amigo, mas trata-se apenas de uma mão morta pegando outra mão morta – nenhum sentimento, nenhuma poesia, nenhuma alegria. Sacia a fome, mas continua comendo compulsivamente, sem sentir o sabor. Olha, mas não vê a existência como ela é. Vê cores desbotadas, acinzentadas, monótonas. Ouve música, mas só os sons; a melodia se perdeu.

Por isso, durante alguns meses, desfrute de qualquer coisa relacionada ao corpo: corra, pratique jogging, brinque, salte, dance, cante, grite no alto de uma montanha. Volte a ser criança! Você começará a se sentir como se estivesse nascendo novamente. Terá exatamente a mesma sensação de uma lagarta quando se transforma em borboleta.

Dor nos ombros e no pescoço

Pergunta: "*Sou um executivo e sinto muita dor nas costas quando estou trabalhando. O médico disse que é psicossomático e me deu alguns analgésicos.*"

Acho que duas coisas poderão ajudar. Uma é o *rolfing*, ou massagem profunda, e a outra é a acupuntura.

Isso funcionará, não há por que se preocupar. Lembre-se apenas de duas coisas. Primeiro, o psicanalista canadense Hans Selye passou a vida toda examinando um só problema: o estresse. Ele chegou a algumas conclusões. Uma é que o estresse nem sempre é ruim: ele pode ser usado de modo positivo. Pode ser usado como um degrau, pode se transformar numa força criativa. Contudo, em geral aprendemos que o estresse é ruim e ficamos receosos quando percebemos que estamos estressados. Esse medo nos deixa ainda mais tensos.

Por exemplo, existe alguma situação no trabalho que está causando estresse. No momento em que você percebe que surge uma tensão, fica preocupado, achando que isso não deveria ter acontecido e então pensa: "Tenho que relaxar." Ora, tentar isso não o ajudará em nada, porque você não consegue; na verdade, essa tentativa só causará um outro tipo de estresse.

Se o estresse surgir, procure usá-lo como uma energia criativa. Aceite-o como algo perfeitamente normal. Diga simplesmente "Os negócios não vão bem, alguma coisa está errada...", "Talvez eu esteja encrencado...", ou algo assim. O estresse é apenas uma indicação de que o corpo está se preparando para lutar. Se você tenta relaxar, toma analgésicos ou tranqüilizantes, está indo contra o corpo. O corpo está se preparando para combater uma situação, um desafio: aproveite o desafio!

Mesmo que você não consiga dormir à noite algumas vezes, não precisa ficar preocupado. Exercite-se, use essa energia que está vindo à tona: saia para dar uma corrida ou uma longa caminhada, planeje o que quer fazer, o que a mente quer fazer. Em vez de tentar dormir, o que não é possível, aproveite a situação de um jeito criativo. Aceite simplesmente que o corpo está preparado para lutar contra o problema e que não é hora de relaxar. Será possível relaxar mais tarde.

Na realidade, se você vivenciou totalmente o estresse, o relaxamento virá automaticamente. Se quiser relaxar antes de chegar a esse ponto, você criará problemas, pois o corpo não consegue. É quase como um atleta olímpico preparando-se para correr, só esperando o tiro de largada, o sinal para partir, para correr como o vento. Está totalmente estressado, aquela não é hora para relaxar. Um tranqüilizante de nada servirá para a corrida. Se o atleta relaxar e tentar fazer meditação transcendental, acabará perdendo a competição. Ele tem de usar esse estresse: a tensão está borbulhando, ele está acumulando energia. O atleta está cada vez mais forte e vigoroso. Tem de aproveitar esse estresse e usá-lo como energia, como combustível.

Selye deu um nome a esse tipo de estresse: o chamou de *eustress*, como em "euforia"; trata-se de um estresse positivo. Depois que o atleta corre, cai num sono profundo. Pronto, problema resolvido. O estresse desaparece naturalmente.

Tente fazer o mesmo: quando surgir uma situação estressante, não fraqueje, não tenha medo dela. Enfrente-a, use o estresse para combatê-la. O ser humano tem muita energia e, quanto mais a usar, mais a terá.

A técnica do *rolfing* também o ajudará. Não vai deixá-lo mais relaxado: ele mudará sua musculatura e o deixará mais vigoroso.

Quando houver uma situação difícil, lute, faça tudo o que for possível, aproveite de verdade o estresse. E, depois que o estresse entrar em ação, ficará surpreso: virá um grande relaxamento. Talvez você não consiga dormir por dois ou três dias, e depois não consiga se levantar por 48 horas, mas isso é normal! Temos muitas idéias erradas – por exemplo, achamos que todas as pessoas têm de dormir oito horas por dia. Isso depende da situação. Existem situações em que o sono não é necessário: a sua casa está pegando fogo e você está tentando dormir. Nessa hora isso não é possível e nem deveria ser, do contrário quem apagaria o fogo? E, quando a casa está pegando fogo, todo o resto perde importância; no mesmo instante, seu corpo se prepara para lutar contra o fogo. Não sentirá sono. Depois que o fogo for apagado e tudo voltar ao normal, você pode cair no sono e dormir por um longo período.

Existem dois tipos de pessoas no mundo: as que são como cavalos de corrida e as que são como tartarugas. Se uma pessoa pertencente ao primeiro grupo não puder correr e fazer tudo rapidamente, ficará estressada. Ela precisa obedecer ao seu ritmo. Se você é um cavalo de corrida, esqueça a idéia de relaxar e outras coisas do tipo – isso não é para você, é para as tartarugas. Seja um cavalo de corrida, pois essa é a sua natureza, e não pense nos prazeres com que as tartarugas estão se deleitando, eles não são para você. Seu prazer é outro. Se uma tartaruga começar a agir como um cavalo de corrida, enfrentará o mesmo problema!

Aceite a sua natureza. Você é um batalhador, um guerreiro: tem que ser desse jeito e ter prazer em ser assim. Não é preciso ter receio: mergulhe de cabeça nos negócios. Brigue, faça concorrência, realize tudo o que realmente quiser. Não tenha medo das conseqüências, aceite o estresse. Depois de aceitá-lo, ele desaparecerá. Não somente isso: você se sentirá mais feliz porque começou a usá-lo. É um tipo de energia.

Se você é um cavalo de corrida, não ouça as pessoas que dizem para relaxar. O seu relaxamento só será possível depois que você tiver gastado sua energia trabalhando duro. Cada pessoa tem de entender a que tipo pertence.

Doenças relacionadas ao estresse

Pergunta: *"Fico doente com muita facilidade e acho que isso tem relação com o fato de me esforçar demais. Quando isso acontece, não me sinto mais conectado ao meu centro e o corpo adoece."*

Todo mundo tem de entender o funcionamento do próprio corpo. Se está tentando fazer algo além do que o seu corpo pode tolerar, mais cedo ou mais tarde ficará doente.

Existe um limite para o que você pode impingir ao corpo, então chega o momento em que ele não agüenta mais. Pode estar trabalhando demais. Para as outras pessoas, pode não parecer que você está trabalhando tanto, mas isso não interessa. O seu corpo não agüenta tanto esforço, você tem de descansar. E o resultado final será o mesmo. Em vez de trabalhar por duas ou três semanas e depois descansar durante um período equivalente, trabalhe por seis semanas seguidas, mas reduza o esforço pela metade... é simples aritmética.

E é muito perigoso trabalhar demais porque pode prejudicar muitas coisas frágeis no corpo – você se sobrecarrega de trabalho e depois fica exausto, deprimido, se joga na cama e se sente mal com relação a todas as coisas. Reduza o ritmo, vá mais devagar em tudo o que fizer. Por exemplo, pare de andar do jeito que anda. Ande devagar, respire devagar, fale devagar. Coma devagar: se você costuma levar 30 minutos para fazer uma refeição, leve 40 minutos. Tome banho devagar: se está acostumado a tomar banho em 10 minutos, prolongue o banho por 30 minutos.

Não estou falando apenas de seu lado profissional. Nas 24 horas do dia, tudo tem de ser reduzido, o ritmo tem de voltar para o mínimo, para a metade. Tem de ser uma mudança em todo o padrão e estilo de vida. Fale mais devagar, leia mais devagar, pois a mente tende a fazer tudo de uma determinada maneira. A pessoa que trabalha muito lê rápido, fala rápido, come rápido – é uma obsessão. Seja lá o que estiver fazendo, ela o fará rapidamente, mesmo quando não houver necessidade. É o seu mecanismo automático e passa a ser uma característica quase inerente. Pare com isso. De hoje em diante, reduza tudo pela metade. Levante-se devagar, ande devagar. E isso também lhe dará uma consciência maior, pois, quando fizer alguma coisa mais lentamente, ficará alerta ao que está fazendo. Quando move a mão depressa, faz o movimento de forma mecânica.

Se quiser ir mais devagar, terá de fazer isso conscientemente. Não é uma questão de falta de capacidade, é uma questão de ritmo. Cada pessoa possui seu próprio ritmo e tem de se movimentar de acordo com ele. Você pode trabalhar o suficiente obedecendo a esse ritmo, e acho até que poderá trabalhar mais. Depois que chegar ao seu ritmo certo, conseguirá fazer muito mais.

Seu trabalho não será febril, transcorrerá de um jeito muito mais suave e você será capaz de produzir mais. Existem pessoas que trabalham devagar, mas essa lentidão tem suas qualidades. E, na verdade, são as melhores qualidades. A pessoa que trabalha rápido pode ser quantitativamente melhor. Consegue produzir mais, mas, qualitativamente, nunca será muito eficiente. A pessoa que trabalha devagar faz as coisas com mais qualidade. Toda a energia dela flui numa dimensão qualitativa. A quantidade pode não ser grande, mas não é o importante. Se você puder fazer poucas coisas, mas bem-feitas, quase perfeitas, se sentirá muito feliz e realizado. Não há necessidade de fazer muitas. Se conseguir até mesmo fazer uma única coisa que cause extremo contentamento, isso basta; sua vida estará preenchida. Não existe o que as pessoas chamam de natureza humana. Existem tantas naturezas humanas quanto existem seres humanos, por isso não há critério. Uma pessoa corre velozmente, a outra anda devagar. Não se pode comparar as duas, porque estão separadas, ambas são totalmente únicas e individuais. Portanto, não se preocupe com isso. Essa preocupação vem da comparação. Você vê que alguém está trabalhando duro e não precisa dormir, enquanto você faz uma só coisa e precisa ir para a cama. Por isso se sente mal, acha que não tem a capacidade que deveria.

Mas quem é essa outra pessoa e como é possível comparar-se a ela? Você é você e ela é ela. Se ela for obrigada a diminuir o ritmo, pode ficar doente. Ela estará indo contra a natureza dela. O que você está fazendo é ir contra a sua natureza – portanto, fique atento à sua essência.

Sempre ouça seu corpo. Ele sussurra, nunca grita, porque não pode gritar. Ele transmite suas mensagens sussurrando. Se você ficar alerta, será capaz de entendê-lo. E o corpo tem uma sabedoria só dele, muito mais profunda que a da mente. O corpo ainda detém o controle de todas as coisas básicas. Só as coisas inúteis foram atribuídas à mente: pensar. Pensar sobre filosofia, sobre Deus, sobre o inferno e sobre a política.

As funções mais básicas – respiração, digestão, circulação do sangue – estão sob o controle do corpo, enquanto apenas os luxos foram dados à mente.

Ouça seu corpo e nunca faça comparações. Nunca antes existiu alguém como você e nunca existirá. Você é absolutamente único – no passado, no presente e no futuro. Não é possível comparar-se com alguém e também não é possível imitar outra pessoa.

Sentindo o corpo de dentro

Pergunta: "*Sempre fui uma pessoa racional, mas recentemente meu corpo e minha mente passaram por muitas mudanças. Estou mais consciente das sensações do meu corpo, mas tenho receio de voltar a ser como antes e temo que minha mente assuma o controle novamente. Como posso me afastar da mente e me aproximar mais do meu corpo?*"

Sempre que uma mudança verdadeira acontece na mente, o corpo é imediatamente afetado. E sempre que alguma coisa está mudando no corpo não é preciso ter medo de que a mente tome posse de você novamente – isso não é fácil. Se só a mente muda e o corpo não toma conhecimento disso, então a mente pode assumir o controle facilmente, pois ela fica na superfície. O corpo está onde estão as suas raízes. O corpo é você enraizado à terra, e a mente é como galhos estendendo-se para o céu – muito bonitos de se ver, mas tudo depende das raízes que estão na escuridão do solo. As raízes não se exibem, não se mostram. Portanto, se só os galhos estão mudando e as raízes não estão sendo afetadas, a mudança não vai durar muito tempo. Mas, se as raízes forem afetadas, então a mudança será duradoura e o processo não poderá ser revertido com facilidade. Por isso, não se preocupe. Dê cada vez mais atenção ao fenômeno que está acontecendo no seu corpo.

Você está mais consciente das sensações dele – isso é muito belo. Existem milhões de pessoas que não conhecem qualquer sensação do corpo. Estão completamente esquecidas de que estão dentro de um corpo – são como fantasmas.

Redescobrir suas próprias raízes físicas é certamente uma sensação nova, porque a humanidade está completamente separada delas.

O corpo tem sido reprimido há milênios e a mente aceitou a idéia de que é a chefe, de que só ela importa e o corpo não passa de um servo. Na verdade, o corpo parece ser algo condenável, como um pecado.

Fica-se constrangido por ter um corpo. É por isso que as pessoas têm medo de ficar nuas, porque, nus, somos mais um corpo do que uma mente. As roupas dão a sensação de que o corpo não existe – só existem o rosto, a cabeça, os olhos. Fique dento do seu corpo, porque essa é a realidade. Sinta cada vez mais... deixe que o corpo tenha sensibilidade. Recupere essa sensibilidade, reivindique-a e deixe que o corpo sofra mais mudanças para que você sinta a existência dele. Por exemplo, feche os olhos e deite-se na terra... sinta a terra com o corpo. Não pense a respeito dela, sinta-a.

Entre num rio e deite-se na água, na areia. Simplesmente repouse e sinta o sol. Sinta mais... seja sensual. Quando comer pão, primeiro, sinta-o com a mão... encoste-o na bochecha e sinta-o... cheire-o. Deixe que o corpo o conheça. Depois, saboreie – feche os olhos e deixe que o gosto do pão se espalhe pela boca. Não tenha pressa, não o engula, simplesmente. Aprecie o pão, mastigue-o bem, porque ele vai se transformar no seu corpo. Não perca essa oportunidade. Esse pão é o seu corpo em potencial. Portanto, receba-o, dê-lhe as boas-vindas e, em alguns meses, seu corpo estará totalmente diferente.

Se comer com um pensamento diferente, com uma atitude diferente, se beber água com uma atitude diferente – lembre-se sempre de ser sensual, sensível –, logo verá que seu corpo estava morto em muitos pontos. Vai ficar mais vivo, como se fosse um leão adormecido que agora está despertando, esticando as pernas, alongando o corpo. É quase uma ressurreição.

Insônia

Pergunta: "*Não durmo bem e sempre acordo entre 3 e 4 horas da manhã.*"

Você sempre acorda entre 3 e 4 horas? Ora, aproveite esse tempo para meditar. Sempre aproveite as oportunidades para alguma coisa. Seja criativo com relação a tudo. Se não consegue dormir, não há razão para se forçar. O sono é uma dessas energias que não podem ser controladas. Se tentar controlá-lo, ficará agitado. Se fizer alguma coisa para conseguir dormir, isso se tornará um empecilho, porque o sono é contra o fazer; é um estado de não-fazer. Por isso, se fizer algum esforço como, por exemplo, contar carneirinhos, repetir um mantra, virar-se de um lado para o outro, começar a chamar por Deus e a rezar, isso tudo só vai mantê-lo mais acordado. Isso não ajuda em nada, mas é o que as pessoas normalmente fazem. O meu ponto de vista é totalmente diferente. Para começar, se você perdeu o sono, isso significa que seu corpo está perfeitamente descansado.

"Mas eu me sinto exausto!"

Essa é sua mente, não tem nada a ver com o seu corpo. Só a idéia de que não dormiu direito já o deixa cansado, mas não é falta de sono. O mecanismo do corpo, o organismo, tem sua própria sabedoria. Por exemplo, se você está comendo e o seu corpo diz "Chega!" mas você responde "Estou magro e fraco, tenho de comer mais", isso está errado. Você pode comer, pode forçar-se a comer um pouco mais, pode se empanturrar, mas o organismo não está preparado para isso e rejeitará a comida.

Se o corpo não tem vontade de comer, é melhor ouvi-lo; ele sabe mais do que você. Ele tem o conhecimento instintivo de que, se comer no momento, será perigoso. Pode ser que algo esteja acontecendo nos intestinos e o corpo queira se desintoxicar antes de receber mais comida. Talvez tenha comido algo estragado. Você já se alimentou o suficiente e seu corpo ainda não teve tempo de digerir tudo. Ele não precisa de mais trabalho nesse momento; se tiver de se esforçar mais, talvez o mecanismo entre em colapso e não consiga dar conta do recado. Por isso, ele diz: "Nada de comida, não tenho apetite!" Mas você se enche de comida mesmo sem apetite, porque acha que precisa comer. Coloca mais tempero para tornar o alimento mais saboroso ou vai a algum bom restaurante. Você está tentando enganar o corpo, e isso é burrice! O mesmo acontece com o sono.

Se você dorme e às 3 ou 4 horas da manhã acorda, significa apenas que seu corpo está descansado. O sono do corpo acabou; agora, é a mente que está criando dificuldade. Então, aproveite essa hora. Fique deitado em silêncio; desfrute do silêncio da noite! Em vez de ficar preocupado porque perdeu o sono, aproveite esse momento para meditar. Não precisa se levantar; descanse, mas ouça... os sons da noite estão ali, o silêncio da noite. O barulho do tráfego está ali, mas as pessoas não; todo mundo está dormindo. Isso é maravilhoso! Você está sozinho – é como se estivesse nas montanhas – com a escuridão e sua atmosfera suave. Desfrute isso e relaxe nesse sentimento.

Se proceder de outra forma, ficará infeliz – mais uma vez terá perdido o sono; mais uma vez ficará cansado no dia seguinte e preocupado, com tensão, angústia e ansiedade. Essas coisas não deixarão que você durma mais uma vez.

Quando estiver totalmente concentrado nos sons da noite, lentamente cairá no sono outra vez, não porque é a sua vontade, não porque quer. Não estou dizendo que você tem de meditar para conseguir dormir, não é isso. Não existe essa coisa de "faça isso para que aconteça aquilo". Estou dizendo para aproveitar a situação! E, de repente, você descobrirá que o sono veio. O fato de vir ou não vir, contudo, é irrelevante. Faça isso durante três semanas apenas e todo o cansaço desaparecerá. Isso é uma coisa mental. Desde o período da manhã, você está cultivando essa idéia de que está cansado. Claro, ficará mais e mais cansado. Terá receio de tudo, de se envolver em qualquer coisa. Já está cansado; então, se fizer algo mais, ficará ainda mais cansado. Você está criando neurose à sua volta.

As pessoas têm necessidades diferentes com respeito ao sono e à comida. O meu pai mesmo não conseguia dormir depois das 3 horas. Ele se deitava por volta das 11 da noite e dormia três, quatro horas no máximo. Minha mãe ficava preocupada, mas eu disse a meu pai para se sentar e meditar. Então, ele ficava sentado depois das 3 horas da manhã e essa tornou-se a sua porta para o divino. Durante anos, ele meditou das 3 às 7 horas – ficava quase como uma estátua, esquecido do corpo.

Com o tempo essa se tornou a maior experiência de sua vida: nem mesmo o sono poderia proporcioná-la. Ele se sentia extremamente disposto às 3 horas, era assim que seu mecanismo trabalhava. Esse período da noite tornou-se o mais precioso de todos. Ele usou esse tempo da maneira certa.

Tensão e relaxamento

Pergunta: "*Sinto muito estresse e tensão. Como posso relaxar mais?*"

Comece relaxando a partir da circunferência – é aí que estamos, e só podemos começar de onde estamos. Relaxe a circunferência do seu ser – relaxe o corpo, o comportamento, as atitudes. Caminhe de modo relaxado, coma de modo relaxado, ouça de modo relaxado. Diminua o ritmo de todo o processo. Não tenha pressa, não se afobe. Viva como se toda a eternidade estivesse à sua disposição – na verdade, está à sua disposição. Estamos aqui desde o princípio e continuaremos aqui até o fim; isso, se houvesse um princípio e um fim. Na realidade, não há princípio nem fim. Nós sempre estivemos aqui e aqui ficaremos para sempre. As formas vão mudando, mas não a substância; as roupagens vão mudando, mas não a alma.

Tensão significa pressa, medo, dúvida. Tensão significa um esforço constante para se proteger, para ficar em segurança. Tensão significa preparar-se agora para o amanhã ou para a vida após a morte. Com medo do amanhã, você não conseguirá enfrentar a realidade; então, prepare-se. Tensão significa o passado que você não viveu, apenas contornou de alguma forma. É algo pendente, um resquício do que passou e que ainda o envolve.

Lembre-se de uma coisa essencial sobre a vida: qualquer experiência que não foi vivida continuará à sua espera, insistindo:

"Conclua-me! Vivencie-me! Complete-me!" Existe uma característica intrínseca em toda experiência, que é querer ser concluída. Depois disso ela evapora, mas enquanto estiver incompleta irá persistir, torturando-o e assombrando-o, atraindo a sua atenção. Ela diz: "O que você vai fazer a meu respeito? Ainda estou incompleta – conclua-me!"

Todo o seu passado espera sem conclusão, porque nada foi vivido realmente. Tudo foi contornado de algum modo, vivido parcialmente, sem entusiasmo. Não houve intensidade, não houve paixão. Você viveu como um sonâmbulo. Portanto, esse passado está pendente e o futuro causa medo. E esmagado entre o passado e o futuro está o presente, a única realidade.

Você terá de relaxar começando pela circunferência. O primeiro passo é relaxar o corpo. Lembre-se, sempre que possível, de olhar o corpo, se estiver sentindo tensão em algum lugar – no pescoço, na cabeça, nas pernas. Relaxe essa parte conscientemente. Dirija a atenção para ela e convença-a, dizendo carinhosamente: "Relaxe!"

Ao se dirigir a qualquer parte do corpo, você notará que ela ouvirá e o obedecerá – trata-se do seu corpo! Com os olhos fechados, mergulhe no interior do corpo, desde o dedão do pé até a cabeça, procurando por qualquer lugar onde sinta tensão. Converse com essa parte como se estivesse falando com um amigo, deixe que haja um diálogo entre vocês. Diga: "Não há nada a temer. Não tenha receio. Eu estou aqui para cuidar de você – pode relaxar." Bem lentamente, você aprenderá a lidar com seu corpo.

Depois, dê mais um passo, um pouco mais profundo: diga à mente para relaxar. Se o corpo ouve, a mente também ouve, mas você não pode começar pela mente – tem de começar do início, não pode começar do meio. Muitas pessoas começam com a mente e fracassam. Tudo tem de ser feito na ordem certa.

Se foi possível relaxar o corpo voluntariamente, também será possível ajudar a mente a relaxar da mesma forma. A mente é um fenômeno mais complexo. Quando você tiver confiança de que o corpo o ouve, acreditará mais em si mesmo. Agora até a mente conseguirá ouvi-lo. Levará um pouco mais de tempo com a mente, mas é possível.

Quando a mente estiver relaxada, comece a relaxar o coração, o mundo dos sentimentos, das emoções – que é ainda mais complexo e sutil. Porém agora você está agindo com mais confiança. Sabe que tudo isso é possível. Se é possível com o corpo e a mente, também será com o coração. E só então, quando já tiver dado esses três passos, poderá dar o quarto. Poderá ir até o âmago do seu ser, que está além do corpo, da mente e do coração, que é o próprio centro da sua existência. E também será capaz de relaxá-lo.

Esse relaxamento certamente traz uma alegria suprema, o máximo em êxtase, em aceitação. Você se sentirá pleno e jubiloso. Sua vida será como uma dança.

Toda a existência está dançando, exceto o ser humano. Toda a existência está num movimento extremamente relaxado; o movimento existe, não há dúvida, mas é absolutamente relaxado. As árvores estão crescendo; os pássaros, cantando; os rios, correndo; as estrelas, se movendo; tudo está avançando de um modo bem relaxado. Sem pressa, urgência, preocupação ou desgaste. Exceto o ser humano. O homem passou a ser vítima da própria mente. Ele pode se elevar acima dos deuses e descer mais do que os animais. O homem possui um espectro enorme, é uma escada indo do mais baixo ao mais alto.

Você caminha num determinado ritmo, isso se tornou habitual, automático. Agora, tente caminhar mais devagar. Buda costumava dizer aos discípulos: "Caminhem bem devagar e dêem cada passo com muita consciência." Se der cada passo com consciência, acabará andando mais devagar. Se estiver correndo, com pressa, se esquecerá disso.

O corpo precisa ficar totalmente relaxado, primeiro, como uma criancinha. Depois é possível tentar atingir a mente. Avance cientificamente: primeiro o mais simples, depois o mais complexo e afinal o mais complexo ainda. Só então você conseguirá relaxar o âmago do seu ser.

O relaxamento é um dos fenômenos mais complexos que existem. É muito rico, multidimensional. Todas essas coisas fazem parte dele: o desprendimento, a confiança, o amor, a aceitação, o seguir com o fluxo, a união com a existência, a ausência de ego, o êxtase. As pretensas religiões deixaram as pessoas muito tensas porque inspiraram culpa. Todo o meu empenho é em ajudá-lo a se livrar da culpa e do medo. Não existe inferno nem céu. Portanto, não tenha medo do inferno e não cobice o céu. Tudo o que existe é este momento. Você pode fazer deste momento um inferno ou um céu – isso é certamente possível –, mas não existe céu nem inferno em outro lugar. Inferno é quando você está todo tenso e céu é quando está relaxado. O relaxamento total é o paraíso.

Sentimentos negativos sobre o corpo

Pergunta: *"Não gosto de mim mesmo, especialmente do meu corpo."*

Se você tem uma idéia fixa acerca de como o corpo deveria ser, viverá infeliz. Esse é o corpo que você tem, é o corpo que Deus lhe deu. Use-o e aproveite-o! Se você decidir amar seu corpo, vai descobrir que ele começará a mudar, porque, se a pessoa ama o corpo, passa a cuidar dele, e o cuidado é tudo. Se você cuidasse dele, não o empanturraria de comida sem necessidade. Também não o deixaria passar fome. Quando você se preocupa com seu corpo, entra em sintonia com ele e, automaticamente, ele fica bem. Se não gosta dele, isso causará um problema, porque, pouco a pouco, você vai ficando indiferente, negligenciando-o – afinal, quem se importa com um inimigo? Você não o olhará, o evitará. Deixará de ouvir suas mensagens e o odiará ainda mais.

Assim, estará criando um problema. O corpo nunca cria problemas; é a mente que os cria. Nenhum animal sofre por causa de qualquer idéia sobre o corpo, nem mesmo o hipopótamo! Eles são absolutamente felizes porque não existe uma mente cultivando uma idéia fixa. Do contrário, o hipopótamo pensaria: "Por que sou assim?"

Deixe de lado seu ideal e ame o seu corpo. Ele é seu, é uma dádiva de Deus. Você deve desfrutá-lo e cuidar dele. Ao cuidar dele, você se exercita, come e dorme. Ao se preocupar, você toma muito cuidado com ele, porque é o seu instrumento, assim como o seu carro, que você manda lavar, que observa à procura de ruídos estranhos, tentando perceber se algo está errado. Você toma cuidado até para que seu corpo não sofra um arranhão. Apenas cuide do seu corpo e ele ficará belo! Trata-se de um mecanismo tão bonito, tão complexo e que trabalha com tamanha eficiência que permanece ativo durante muitas décadas, continuamente. Esteja dormindo ou acordado, consciente ou não, mesmo sem receber seus cuidados, seu corpo funciona em total silêncio. Seja grato.

Mude sua atitude e verá que, em seis meses, seu corpo mudará de forma. É mais ou menos como acontece quando alguém se apaixona por uma mulher: ela imediatamente se torna mais bonita. Ela fica diante do espelho por horas porque alguém a ama! O mesmo acontece quando você ama seu corpo: ele começa a mudar. Ele é amado, tem alguém que cuida dele, é necessário. O corpo é um mecanismo muito delicado – as pessoas o usam de uma forma muito cruel, violenta. Mude sua atitude e veja o que acontece!

Bonito e feio

Pergunta: *"Acho que sou muito feia. Parece que hipnotizo meus amigos e as pessoas que encontro de tal forma que não parece ser bom olhar para mim."*

A mente nunca pára de criar problemas desnecessários. Mas essa é a função dela – criar problemas sem fundamento. E, depois que ela os cria, você fica numa sinuca tentando resolvê-los. Não tente resolvê-los. Simplesmente veja a irrelevância deles. Se começar a tentar fazer alguma coisa, você estará aceitando o problema.

Todo rosto é bonito. Todo rosto tem uma beleza só sua. Todo rosto é individual e único. Na verdade, não existe qualquer possibilidade de comparação. Aceite isso e você ficará bonita. A beleza surge por meio da aceitação. Se você mesma se negar e se rejeitar, ficará estropiada e feia. É um círculo vicioso.

Primeiro, você se rejeita, não se aceita – aí, fica feia. Então, os outros começam a perceber essa feiúra e você pensa: "É, sou feia mesmo. Estava certa." Depois, sua rejeição aumenta ainda mais. É assim que a mente alimenta sua profecia. Todas as profecias dela acabam se realizando se você não der o primeiro passo, e o primeiro passo é saber que você é aquilo que é.

Não existe um critério de beleza. Na realidade, durante quase 5.000 anos, os filósofos tentaram definir a beleza. E não conseguiram, porque não existe critério. Uma pessoa é bela para alguém e feia para outro. Até a mulher mais bonita do mundo pode parecer horrível para alguém. Trata-se de uma escolha absolutamente pessoal. Mesmo se tentarmos encontrar um critério, ele mudará de acordo com a moda.

Seja qual for o conceito, o corpo o atende. Isso precisa ser entendido. Quando, num país, existe o conceito de que seios grandes são bonitos, as mulheres ficam com seios grandes.

Não existe critério que decida quem é bonito ou feio. Trata-se de gosto pessoal ou de uma fantasia.

A beleza interior é a única que existe. Todas as outras belezas são superficiais. A beleza de verdade não tem nada a ver com o rosto, e sim com uma luminosidade que vem de dentro de você. Não tem nada a ver com a forma dos seus olhos, mas com a luz que brilha neles. Não tem nada a ver com o corpo, mas com a presença interior que vibra por meio dele. A beleza verdadeira vem do próprio âmago do seu ser e se espalha por todo o seu corpo. A beleza falsa fica só na superfície – não tem raízes em você.

Caso você não se aceite, ninguém conseguirá aceitá-la. Criará muitas dificuldades para qualquer pessoa por quem se interessar, porque essa pessoa irá contra a idéia que você tem de si mesma. Se alguém se apaixonar, você acabará com esse amor, dizendo: "Como essa pessoa pode amar uma bruxa feia como eu?" Poderá achar que esse homem tem uma idéia muito estranha de beleza. Se você não se ama, quem conseguirá amá-la?

É necessário que cada um se apaixone por si mesmo. Jesus disse: "Ama a Deus. Ama ao próximo como a ti mesmo." Isso é o básico. Quando alguém se ama, consegue amar ao próximo e também consegue amar a Deus. O mandamento básico é amar a si mesmo.

Se você se ama, se está feliz consigo mesma, atrairá muitas pessoas. Uma mulher que ama a si mesma só pode ser muito bonita, tem de ser muito bonita. Ela cria essa beleza a partir do amor que tem por si mesma. Torna-se graciosa, majestosa.

O envelhecimento

Pergunta: "*Ajude-me! Estou envelhecendo!*"

Ter um sentimento muito bom sobre o próprio corpo facilita a vida. Faz com que você fique mais saudável, mais inteiro. Muitas pessoas se esqueceram do próprio corpo – ficaram desmemoriadas e pensam nele como algo que tem de ser escondido por trás das roupas, algo que tem de estar sempre coberto e ninguém pode ver, algo obsceno e impuro. Essas são idéias absurdas e neuróticas.

O corpo é lindo. O corpo é belíssimo – novo ou velho, não faz diferença. É claro que a juventude tem sua própria beleza, mas a velhice também.

O corpo jovem é mais vigoroso. O corpo idoso é mais sábio. Cada idade tem sua própria beleza, não faz sentido compará-las. No Ocidente, principalmente, o envelhecimento do corpo tem se tornado uma experiência atemorizante porque a vida é, de certa forma, considerada sinônimo de juventude, o que é uma idéia tola. No Oriente é melhor. A vida é muito mais um sinônimo de velhice, porque o idoso já viveu mais, passou por mais experiências, amou mais, conheceu muitas estações da vida, muitos altos e baixos. O idoso viveu a juventude. O jovem ainda não viveu a velhice.

O corpo envelhecido carrega todas as experiências, as cicatrizes, as feridas, a graça que vem com o amadurecimento. E, depois que você começa a apreciar seu corpo e a amá-lo, seja qual for a etapa em que esteja, sente que ele passa a ter beleza novamente, o que libera muitas coisas que você tem dentro de si.

Frigidez

Pergunta: "*Tenho um problema sexual... Sinto que há alguma coisa errada comigo, mas sempre finjo que gosto de fazer sexo com um homem.*"

Deve-se ir além do sexo um dia, mas o caminho que leva a transcendê-lo passa através dele. Quem nunca viveu o sexo plenamente terá dificuldades para transcendê-lo. As pessoas que não conseguem apreciá-lo podem ter sido condicionadas a isso.

A vida existe para que se aprenda como ser absolutamente feliz... como explodir de felicidade. O sexo certamente lhe dá a maior possibilidade de explosão possível. É uma das formas mais naturais de se ter um vislumbre do *samadhi*, da meditação profunda, da graça divina. Existem outros modos de sentir essa graça, mas não são tão naturais. O sexo é o meio mais natural, faz parte de sua biologia. É uma dádiva de Deus. A pessoa pode ser religiosa ou não, hindu, muçulmana, pode acreditar em Deus, pode não acreditar, pode ser comunista, atéia, o que for, mas há algo de natural no sexo que permitirá a ela ter um vislumbre de algo além – além do corpo, além da mente.

Portanto, sendo uma mulher, você deve lembrar e tentar três coisas: primeiro, quando estiver fazendo amor, seja ativa. Se for passiva, a frigidez acontecerá facilmente. Diga a seu namorado que ele irá desempenhar o papel feminino e você, o masculino. Deixe que seja um jogo. Quando a pessoa é mais ativa, sua energia fica mais envolvida, é difícil parar no meio. Mas, quando é passiva, pode parar a qualquer momento, porque quase não participa do que está acontecendo. Está ali, mas é quase uma espectadora. Então, seja mais ativa. É só uma atitude temporária: depois que tiver atingido a experiência do orgasmo, não é mais necessária e você pode voltar a desempenhar o papel feminino, se desejar.

Uma segunda coisa: antes de fazer amor com seu parceiro, dancem juntos. Deixe que seja uma dança selvagem. Cantem alto, dancem e toquem música, se quiserem. Acendam incenso no quarto. Façam um ritual elaborado, quase religioso. As pessoas não abordam a experiência do sexo de modo gradativo: duas pessoas estão sentadas e de repente começam a fazer amor. Isso é abrupto, ainda mais para a mulher. Para o homem é mais simples, porque a sexualidade masculina é mais localizada. A sexualidade feminina é total – todo o corpo feminino tem de participar do ato. Por isso, a menos que haja preliminares, a mulher nunca mergulha a fundo na experiência.

Então, primeiro dancem, cantem, deixem a energia borbulhar e, depois, seja uma parceira ativa. Enlouqueça! Não siga padrão algum, enlouqueça. Se quiser gritar enquanto faz amor, faça-o. Se quiser cantar, vá em frente. Se quiser apenas balbuciar palavras sem sentido, isso também funcionará como um mantra.

A terceira coisa é que, todos os dias, da manhã até à noite, você deve observar se também reprimiu sua alegria em outras coisas. Isso tudo tem de ser mudado ao mesmo tempo. Quando estiver comendo, coma com prazer, pois tudo está ligado. Quando estiver dançando, tem de sentir prazer. Meditar pode ser prazeroso. Ao conversar com alguém, seja alegre, radiante, fluida. Ao andar na rua, ande com alegria. Você não sabe quanto está perdendo. Uma simples caminhada na rua pode ser extremamente prazerosa. Quem sabe como será o futuro? Pode ser que não haja outro dia como esse. Amanhã você talvez não esteja lá para sentir o sol. O vento estará presente, mas você pode não estar.

Aproveite cada momento da vida como se fosse o último. Aproveite-o por inteiro, aproveite tudo o que ele tem para dar. É assim que se vive intensa e apaixonadamente. O sexo é só uma conseqüência de toda a sua atitude, por isso não é possível mudar apenas o sexo. Tudo está interligado e tudo deve ser alterado.

Assim, de agora em diante, sinta prazer também ao fazer coisas que não têm qualquer relação com a sexualidade. O resultado geral será que, se tiver prazer com outras coisas, também terá com sexo. Se não tiver prazer com outras coisas, também não terá com sexo.

A atitude em relação ao sexo é muito simbólica. Se não tiver prazer com sexo, não terá prazer com outras coisas também, ou só terá até uma certa medida e, depois disso, nada mais. Faça essas três coisas e, depois de três semanas, veja o que aconteceu. Três semanas de uma vida selvagem. Esqueça toda a humanidade, seja um animal, puramente animal, e vá fundo nisso. A menos que seja um animal de verdade primeiro, você não poderá ser verdadeiramente humano depois. E, a menos que se torne um ser humano completo, não poderá ser divino.

Tudo segue uma hierarquia: o animal é a base do templo, a humanidade forma suas paredes e a divindade é o telhado. O telhado não pode existir sem a base. A pessoa pode ter o telhado, mas, se não tiver as paredes, o templo não pode existir. O ser humano é um prédio de três andares: o primeiro andar é animal, o segundo é humano e o terceiro é divino. Comece do primeiro, então: apóie-se sobre a pedra fundamental e construa o resto a partir daí.

Impotência

Pergunta: "*Sempre que faço amor com uma mulher, surge o medo da impotência.*"

A atitude ocidental é de sempre *fazer* as coisas acontecerem, *fazer* algo! Existem algumas coisas, contudo, que não podem ser *feitas*. Então, o Ocidente fica completamente maluco!

Por exemplo, o sono ou o sexo são coisas que não podem ser feitas e, por isso, o Ocidente sofre muito de insônia e também de problemas sexuais. Todo mundo está preocupado achando que não está vivendo o sexo como deveria. O orgasmo não acontece, ou é muito localizado, ou então é fraco, não é complexo. O sono não é bom: há sonhos demais. Muitas vezes, a pessoa acorda no meio da noite ou tem de esperar horas até o sono vir. As pessoas estão tentando todo tipo de coisa para provocar o sono: tranqüilizantes, truques, mantras e meditação transcendental.

E as pessoas também estão muito preocupadas com sexo. São justamente essa preocupação e o esforço para *fazer* alguma coisa que criam o problema.

O sexo acontece – não é algo que se possa fazer. É preciso, então, aprender a atitude oriental com relação ao sexo, a atitude tântrica, ou seja, a de ser amoroso com uma pessoa. Não é preciso planejar, não é preciso ensaiar mentalmente. Não é preciso fazer nada em particular, basta ser amoroso e acessível. Brinquem com a energia um do outro e, quando fizerem amor, não é preciso que seja algo "grandioso". Do contrário, estará fingindo, assim como a outra pessoa. Ela fingirá que é uma grande amante e você fingirá que também é um grande amante – ambos ficarão insatisfeitos! Não é preciso fazer pose.

O sexo é uma prece muito silenciosa. O ato de fazer amor é uma meditação. É sagrado, é o que há de mais sagrado. Portanto, enquanto está fazendo amor com uma mulher, vá bem devagar... degustando, sentindo todos os sabores do ato. Vá bem devagar, não é preciso ter pressa: há tempo suficiente.

Enquanto estiver fazendo amor, esqueça o orgasmo. Em vez disso, fique num estado bem relaxado com a parceira, relaxem um ao outro. A mente ocidental está sempre querendo saber quando virá o orgasmo e como fazê-lo acontecer mais rápido, ser mais intenso e tudo o mais. Esse pensamento não deixa as energias do corpo circularem, não permite que o corpo faça as coisas do seu jeito.

Relaxe com a outra pessoa. Nada específico precisa acontecer. E, se de fato nada acontecer, então é isso o que está acontecendo – e isso também é belo! O orgasmo não é uma coisa que tenha de acontecer todo dia. O sexo tem de ser apenas ficar junto, dissolver-se um no outro. Pode-se fazer amor por meia hora, uma hora, apenas relaxando um ao outro. Vocês ficarão num estado em que a mente está ausente, porque não é necessária. O amor é a única coisa em que a mente não é necessária, e é nisso que o Ocidente erra: usa a mente até no amor!

Apreciem a presença um do outro, o encontro, concentrem-se nisso. Não tentem fazer nada a partir disso. Um dia haverá um orgasmo profundo como um vale; não haverá um ápice. Será só um relaxamento, mas terá seu próprio pico, pois tem profundidade. Um dia, o próprio corpo desencadeará um orgasmo culminante, mas isso também acontecerá espontaneamente – você só estará ali.

Às vezes haverá um vale, às vezes haverá um pico, esse é o ritmo. Você não pode estar no pico todo dia. Se só tiver picos, eles não serão muito grandes. É preciso conquistar um pico passando por dentro do vale. É meio a meio. Quando houver um orgasmo semelhante a um vale, perca-se na escuridão do vale, no frescor e na paz. É assim que você chega ao pico. Fique no vale e a energia se acumula: o pico nasce do vale. Nesse momento acontece um grande orgasmo, e todo o seu ser é inundado de prazer.

No pico haverá prazer; no vale, paz. Ambos são belos. No final, a paz é mais valiosa do que o prazer, pois o prazer será momentâneo: não é possível ficar no topo por mais de um segundo. Mas é possível ficar no vale. Ambos têm de ser apreciados, pois ambos têm algo a oferecer. O Tantra diz que o vale orgástico é muito superior ao pico orgástico. Este último é imaturo, enquanto o primeiro tem em si uma grande maturidade. O pico tem excitação, é febril, apaixonado. Tem uma vibração, mas essa vibração é extenuante. O vale orgástico não tem qualquer vibração, mas tem silêncio, e esse silêncio é muito mais valioso, muito mais transformador. Ficará com você durante as 24 horas do dia. Depois que o tiver visitado, ele permanecerá com você. O ápice se desvanecerá, você ficará exausto e cairá no sono. O vale continuará: durante vários dias, poderá exercer um certo efeito sobre você. Você ficará relaxado, lúcido.

O amor é uma espécie de relaxamento em que as coisas têm de ser permitidas.

Retraimento

Pergunta: *"Às vezes, gostaria de me enfiar num buraco escuro, especialmente quando estou menstruada."*

Existem ondas de energia. Às vezes há um fluxo e, outras vezes, um refluxo. No período do fluxo é muito fácil se relacionar com as pessoas, se comunicar, ser extrovertido, amar, receber, dar. Quando não se está nesse período de fluxo e a energia reflui, é muito difícil se comunicar, é quase impossível. Mas as duas situações vêm e vão – são parte da vida. Não há nada de errado nisso: é algo natural que você precisa aceitar.

Quando sentir que está no período do refluxo, não tente se comunicar. Não se obrigue a ser extrovertida, porque não será autêntica. Esse é o momento de semear. Aproveite esse período para uma profunda meditação. Quando você está no período do fluxo e a energia está fluindo e se intensificando, é o momento de amar. Então, relacione-se, seja extrovertida, compartilhe. Essa é a época da colheita, mas não pode acontecer o ano todo. Dizem que mesmo no céu os anjos não cantam o tempo todo.

Então, quando surgir uma canção, cante. E, quando sentir que tudo está se fechando, coopere com esse movimento. É isso que significa ser natural. Ser natural não significa ter de ficar aberto 24 horas por dia – você não é uma loja de conveniência. Existem momentos em que é preciso se fechar, do contrário você ficará muito cansada, entediada, aborrecida. Não há necessidade de continuar sorrindo – só os políticos agem assim e eles são as pessoas mais idiotas deste mundo.

Há ocasiões em que as lágrimas serão bem-vindas e devem ser bem-vindas. Ser autêntico significa nunca ir contra aquilo que está acontecendo. Na mente moderna – particularmente na nova geração – está surgindo uma idéia completamente equivocada: a de que a pessoa tem que ser sempre extrovertida, tem que estar sempre amando. Isso é como uma tortura, um novo tipo de repressão e violência.

A pessoa autêntica é aquela na qual se pode confiar. Se ela está triste, é possível perceber – ela é uma pessoa verdadeira. Se está retraída, pode acreditar nela. É um estado de meditação, ela não quer sair do seu mundo interior, está numa profunda introspecção. Ótimo! Se estiver sorrindo e conversando, ela quer se relacionar, sair do seu mundo interior e compartilhar. Você pode confiar nessa pessoa.

Por isso, não deixe que a mente imponha nada sobre o seu ser. A mente sempre tenta ser a líder, mas deixe que o ser dê a palavra final – a mente deve apenas segui-lo, como uma criada. Viva esses períodos e, aos poucos, conseguirá perceber que todo mês é assim. Durante alguns dias, você será muito extrovertida e, nos outros dias, ficará mais retraída. Isso é mais evidente na mulher do que no homem, porque a mulher vive uma periodicidade, sua química muda ao longo de 28 dias. Na verdade, o mesmo acontece ao homem, mas é mais sutil, menos visível.

Pouco tempo atrás, alguns pesquisadores revelaram que o homem também tem uma espécie de ciclo mensal, mas é praticamente imperceptível, pois não há perda de sangue. Contudo, assim como as mulheres, que ficam com um nível de energia muito baixo durante quatro dias do mês, os homens também passam por isso, só que não é tão físico, tão visível – é mais psíquico, é mais interior do que exterior.

Minha intuição é de que você e os seus estados de ânimo

mudam de acordo com a lua. Observe. Anote tudo num calendário, durante pelo menos um mês ou dois, e, depois, você conseguirá até mesmo prever coisas. Poderá planejar a sua vida dessa forma.

Se quiser encontrar os amigos, nunca faça isso quando estiver se sentindo introvertida – encontre-os quando se sentir extrovertida. Não há nada de errado nisso, é parte de um processo natural.

Hipocondria

Pergunta: "*Vivo preocupada com meu corpo, achando que vou ficar doente. Poderia me orientar?*"

Se você pensa demais no seu corpo, ele fica doente; e, quando ele fica doente, você pensa nele ainda mais. Isso se torna um círculo vicioso.

Se uma pessoa saudável, com a saúde perfeita, começar a pensar no estômago – se está digerindo bem os alimentos ou no que pode acontecer–, em 24 horas terá problemas. Não há nada de errado com o corpo, mas uma idéia foi criada. A medicina não pode ajudar, porque não se cura uma idéia. Você pode consultar um médico atrás do outro, passar por todas as especialidades, e eles não poderão fazer nada. Podem até piorar a situação, porque os remédios terão algum efeito, mas não curarão a idéia. E a única doença que existe é a idéia.

Quanto menos sucesso tiver com os médicos, mais preocupado com o corpo você ficará. Surge, então, a consciência do corpo. Fica-se extremamente sensível com relação a ele. Basta uma pequena mudança, uma leve dificuldade, um pequeno desconforto, para que se entre em pânico. Esse pânico contribui para que o corpo fique ainda mais desequilibrado.

A primeira coisa a fazer, a meu ver, é abandonar a idéia de que há algo errado com você. Comece a viver.

Certa vez um homem recebeu do médico o diagnóstico de que não viveria mais do que seis meses. Ele havia passado os últimos 20 anos doente, com todo tipo de doença imaginável. Era hipocondríaco e o médico dissera, por puro cansaço: "Você não vai sobreviver, então o melhor é esquecer isso. Ninguém pode salvá-lo. Se quiser viver, viva esses seis meses."

O homem pensou: "Se vou viver apenas mais seis meses, por que me preocupar com o corpo?" Pela primeira vez, sua consciência deu uma guinada. Comprou roupas elegantes, belos carros e planejou uma volta ao mundo. Viajou, comeu tudo o que tinha vontade, fez amor com mulheres, comprou tudo o que queria. Viveu de verdade! A morte estava próxima, não havia por que adiar. Depois de seis meses, quando retornou, estava saudável como nunca. Viveu mais 30 anos e o problema nunca mais voltou!

Você tem que mudar essa consciência. A naturopatia é uma boa opção, porque não é um tratamento médico – só um repouso. Trata-se de uma sintonização com a natureza instintiva. Mas o problema com a naturopatia é que pode virar uma mania, e a mania é mais perigosa do que a doença. Fica-se pensando constantemente no que comer, no que não comer, em aonde ir, na ecologia.

Então a vida fica novamente difícil. Você não pode respirar porque o ar está muito poluído. Não pode comer porque os alimentos não foram preparados de um jeito natural. Não pode comer isto nem aquilo porque só come alimentos naturais. Não pode viver na cidade. As coisas ficam complicadas.

Esqueça a idéia de que está doente e pense no seu rei interior: o corpo é somente um palácio.

Avivando os sentidos

Pergunta: *"Faço um trabalho intelectual e passo a maior parte do tempo no computador. Costumo me sentir meio sem vida."*

Fique mais no corpo. Torne seus sentidos mais vivos. Veja de modo mais amoroso, saboreie de modo mais amoroso, toque de modo mais amoroso, cheire de modo mais amoroso. Deixe que seus sentidos funcionem cada vez mais. De repente, verá que a energia que estava circulando na cabeça passa a ficar mais bem distribuída pelo corpo. A cabeça é muito ditatorial. Vive tirando energia de outros lugares e monopolizando-a. A cabeça usa quase 80% da energia e deixa apenas 20% para o corpo inteiro. É claro que você e seu corpo sofrem, porque só se pode ser feliz quando se está funcionando como um todo, como uma unidade orgânica, e todas as partes do corpo e do ser estão recebendo o seu quinhão: nem mais nem menos. Isso é viver em harmonia.

Harmonia, felicidade e saúde são parte do mesmo fenômeno, a totalidade, a inteireza. A cabeça cria perturbação. As pessoas perderam muitas coisas. Não sentem mais cheiros. Não têm mais olfato nem paladar. Só conseguem ouvir algumas coisas. Perderam a audição. Não sabem mais o que é o tato, sua pele está morta. Então, a cabeça se fortalece e fica como um Adolf Hitler, aniquilando o corpo todo. A cabeça fica cada vez maior. É ridículo. O homem é quase uma caricatura – uma cabeçona com membros pequeninos.

Recupere seus sentidos. Faça alguma coisa com as mãos, com a terra, com as árvores, com as pedras, com os corpos, com as pessoas. Faça alguma coisa que não exija raciocínio ou intelectualização. E divirta-se. Aos poucos, a sua cabeça vai ficando mais leve. Será bom para a cabeça também, porque, quando está sobrecarregada, não consegue pensar direito. Como uma cabeça preocupada pode pensar? Para pensar, é preciso clareza, uma cabeça sem tensão. Pode parecer um paradoxo, mas, para pensar, você precisa de uma cabeça sem pensamentos. Então é possível pensar com muita facilidade, agudeza, intensidade. Basta que tenha um problema à sua frente para que a mente não pensante comece a solucioná-lo. Isso é a intuição. Não se preocupe, simplesmente intua.

Quando a mente está sobrecarregada de pensamentos, você pensa muito sem chegar a lugar algum. Fica girando em círculos, faz muito barulho, mas o resultado final é nulo.

Portanto, para dispersar a energia, não fique contra a cabeça. Fique a favor dela, pois, quando a cabeça está equilibrada, no lugar certo, funciona melhor. Do contrário, ela fica congestionada.

Sensualidade

Pergunta: "*O que é sensualidade?*"

Sensualidade significa que você está aberto, pronto para pulsar com a existência. Se um pássaro começa a cantar, a pessoa sensual sente, no mesmo instante, a canção ecoar no âmago do seu ser. A pessoa que não é sensual não ouve nada, ou talvez escute só um barulho. A canção não penetra em seu coração. Um cuco começa a cantar – uma pessoa sensual não sente como se o pássaro estivesse cantando de um mangueiral, mas sim dos recônditos de sua própria alma. O canto do cuco transforma-se no canto da própria pessoa, passa a ser seu próprio anseio divino. Nesse momento, o observador e o observado são um só. Ao ver uma flor desabrochando, uma pessoa sensual desabrocha com ela.

Uma pessoa sensual é líquida, fluente, fluida. A cada experiência, ela se torna essa experiência. Ao contemplar o pôr-do-sol, se torna o pôr-do-sol. Ao contemplar uma noite sem lua, de uma escuridão silenciosa e bela, ela se torna a escuridão. Pela manhã, se torna a luz. Ao ouvir uma música, ela é a música; ao ouvir o barulho da água, se torna esse barulho. E, quando o vento passa pelo bambuzal, estalando os bambus... ela não está longe deles. Está entre eles, em cada um deles – ela é o bambu.

Ela é tudo o que a vida é. Saboreia a vida em todos os seus meandros. Isso a torna uma pessoa rica: essa é a verdadeira riqueza.

Ser sensual é estar aberto aos mistérios da vida. Seja cada vez mais sensual e deixe de lado todas as condenações. Deixe que o seu corpo se torne uma porta.

Muita comida e pouco sexo

Pergunta: "*Desde que meu relacionamento terminou, tenho comido demais e engordado. Como posso voltar ao meu peso e comer menos?*"

Quando alguém não deixa que a energia sexual circule livremente, essa pessoa começa a criar uma obsessão por comida. Comida e sexo são duas polaridades que equilibram uma à outra. Se você faz sexo demais, seu interesse por comida desaparece. Se reprime sua sexualidade, seu interesse por comida vira quase uma obsessão. É preciso trabalhar a sua energia sexual.

O problema surge porque as primeiras experiências com comida e com amor que a criança tem estão profundamente associadas. Ela recebe alimento dos seios da mãe e amor também. Quando a criança recebe amor, não se preocupa em tomar leite; a mãe tem de persuadi-la. Se a criança não está recebendo amor, não larga o seio, pois tem medo do futuro. Ela tenta tomar o máximo possível de leite, porque não sabe quando a mãe estará disponível outra vez. Se a criança recebe amor, se sente segura. Sempre que precisa da mãe, pode confiar em seu amor. Mas, se a mãe não é amorosa, a criança não pode confiar no amor materno, então precisa tomar todo o leite de que é capaz. Sempre acaba exagerando.

Se, de alguma forma, você bloqueou a sua energia de amor, ela se transformará num interesse por comida. Se quiser mudar isso, terá de fazer essa energia circular um pouco mais, terá de ficar mais amoroso. Ame o seu próprio corpo – comece daí: aprecie seu próprio corpo. É um belo fenômeno, uma dádiva. Dance, cante, sinta e toque seu corpo.

O problema é que, se não gostar de seu próprio corpo, não deixará que ninguém mais goste. Na realidade, se alguém tentar ser amoroso com você, irá parecer ridículo e tolo aos seus olhos. Se não consegue amar seu próprio corpo, o que outra pessoa poderia ver em você? Se surgir uma oportunidade para ser amoroso com seu corpo, para abraçar ou segurar a mão de alguém, não deixe de aproveitá-la. Você ficará surpreso: quando começar a se mover na direção do amor, o problema com a comida ficará naturalmente solucionado. Amar é uma grande experiência e se empanturrar de comida é extremamente deprimente. Não que a comida não seja bela, mas só é bela quando ingerida na quantidade certa.

Esse é um belo fato no que diz respeito ao amor: ele nunca é demais. Ninguém pode amar ao extremo, pois o amor não conhece extremos. Ao comer, você está se enchendo de comida, mas, ao amar, está compartilhando e distribuindo coisas. É um fenômeno que alivia. E, quanto mais você dá, mais energia começa a fluir. Você se torna um rio, deixa de ser um lago de águas estagnadas.

Quando não vivencia o amor, sua energia é transformada num lago de águas estagnadas e gera um problema com a comida.

Quebre as barreiras!

Desintoxicação por meio do jejum

Pergunta: "*Você recomenda o jejum como um método para desintoxicar o corpo? Eu passei a ser vegetariano recentemente.*"

Sempre que se faz jejum, o corpo deixa de se ocupar com a digestão. Nesse período, pode se ocupar com a eliminação das células mortas, das toxinas. É como se fosse um dia em que você estivesse de folga e ficasse em casa fazendo faxina. Durante a semana toda esteve tão ocupado e envolvido com outras atividades que não pôde limpar a casa. Quando o corpo não tem nada para digerir, começa a fazer uma faxina em si mesmo. Começa um processo espontâneo de jogar fora tudo aquilo de que não precisa. O jejum é um método de purificação. De vez em quando, o jejum é belo – não fazer nada, não comer nada, só descansar. Tome tanto líquido quanto puder e simplesmente descanse – assim, o corpo fará uma limpeza.

Às vezes, se achar que é necessário um jejum mais longo, pode fazer, mas tenha muito amor pelo seu corpo. Se sentir que o jejum está lhe fazendo mal de alguma forma, interrompa-o. Se estiver beneficiando o seu corpo, irá sentir-se mais cheio de energia, rejuvenescido, revitalizado. Esse deve ser o seu critério: se começar a perceber que está se sentindo mais fraco, se começar a perceber um tremor sutil, então, cuidado – deixou de ser uma purificação e tornou-se destrutivo. Pare!

Antes é preciso aprender toda a ciência do jejum. Na realidade, convém fazer jejum perto de alguém que tenha prática e conheça todo o processo muito bem, todos os sintomas. Depois de um jejum verdadeiramente purificador, você se sentirá renovado, mais jovem, mais limpo, mais feliz. O corpo funcionará melhor, pois foi descarregado. O jejum, no entanto, só é necessário se você come do modo errado. Se não tem uma alimentação ruim, não há necessidade de fazer jejum. Isso só é necessário quando você já fez a coisa errada com o corpo – e todos nós comemos do modo errado. O homem perdeu o rumo. Nenhum animal come como o homem, eles só comem alimentos selecionados. Se você levar uma manada de búfalos para o pasto, só comerão um tipo específico de capim. Não comerão tudo o que virem pela frente, são muito seletivos. O homem está completamente perdido, não tem intuição alguma nesse sentido. Come qualquer coisa. Na verdade, é impossível descobrir algo que não sirva de alimento ao homem. Em alguns lugares comem-se formigas. Em outros, cobras. Em outros, cachorros. O homem come de tudo. É simplesmente louco, não sabe o que está em sintonia com o corpo.

O homem deveria ser vegetariano, porque seu corpo foi feito para digerir vegetais. Até os cientistas admitem o fato de que toda a estrutura do corpo humano mostra que não se deveria comer carne. O homem descende dos macacos. Os macacos são vegetarianos – absolutamente vegetarianos. Se Darwin estiver certo, o homem deveria ser vegetariano. Ora, existem formas de se deduzir se uma espécie de animal é vegetariana: por exemplo, a extensão do intestino. Tigres e leões têm intestino curto, porque a carne já é um alimento digerido. O trabalho da digestão já foi feito por outro animal. O homem tem um dos intestinos mais longos que existem: isso significa que ele é vegetariano. É preciso uma digestão longa e haverá muitos detritos que precisarão ser eliminados.

Se o homem não é carnívoro, mas continua comendo carne, o corpo fica sobrecarregado. No Oriente, todos os grandes praticantes da meditação – Buda, Mahavira – enfatizavam esse fato. Não era por causa dos conceitos de não-violência – isso é secundário –, mas porque, se você realmente quer entrar em meditação profunda, seu corpo precisa ficar mais leve, natural, fluido. Precisa estar descarregado, e o corpo de uma pessoa que come carne vive extremamente sobrecarregado.

Observe o que acontece quando você come carne: quando matam um animal, o que acontece naquele momento? Evidentemente, ninguém quer ser morto. A vida quer ser preservada, o animal não está morrendo por vontade própria. Agonia, medo, morte, angústia, ansiedade, raiva, violência, tristeza – todas essas coisas surgem no animal. O corpo dele se enche de toxinas, de venenos. Todas as glândulas liberam venenos, porque o animal está morrendo com muita relutância. E você come essa carne. Toda a energia está envenenada e esses venenos vão para o seu corpo.

A carne que é comida pertenceu ao corpo de um animal. Existia para um determinado propósito. Havia um tipo específico de consciência no corpo do animal. Você está num plano superior ao da consciência do animal e, quando come a carne dele, seu corpo vai para um plano inferior, vai para o plano do animal. Surge, portanto, uma discrepância entre sua consciência e seu corpo, o que causa tensão e ansiedade.

Você deve comer coisas que são naturais para você. Coma frutas, nozes, verduras e legumes sempre que puder. E o mais bonito é que não é possível comer essas coisas exageradamente. Tudo o que é natural satisfaz, porque sacia. Se algo não é natural, nunca o deixa satisfeito. Fique tomando sorvete: nunca se sentirá saciado.

Você não está comendo de acordo com as necessidades do seu corpo, está comendo pelo sabor. A língua tomou o controle.

A língua nunca deveria estar no controle. Ela nada sabe sobre o estômago. Nada sabe sobre o corpo. A língua tem um propósito específico: sentir o gosto do alimento. Ela deve julgar, e apenas isso, que tipo de comida faz bem para o corpo. É a guardiã da porta, não o mestre. Quando a guardiã da porta se torna o mestre, tudo fica confuso.

CAPÍTULO 5

O PODER DE CURA DA MEDITAÇÃO

As palavras "meditação" e "medicina" têm a mesma raiz. A medicina cura o físico e a meditação cura o espiritual. Ambas são poderes de cura.

Outra coisa a se lembrar: healing *(cura, em inglês) e* whole *(todo, em inglês) também têm a mesma raiz. Ser curado significa voltar a ficar inteiro, sem nada faltando.* Holy *(sagrado, em inglês) tem essa mesma raiz.*

A meditação cura, faz com que você fique inteiro, e ser inteiro é ser sagrado. Isso não tem nada a ver com pertencer a uma religião ou a uma igreja. Significa simplesmente que, por dentro, se está inteiro, completo. Você é o que a existência quer: realizou todo o seu potencial.

Técnicas das Meditações Ativas de Osho*

Pergunta: *"As meditações ativas, no começo, tendem a tensionar os músculos, causando dor no corpo todo. Existe algum jeito de superar isso?"*

---

* Consulte *Meditação: a primeira e última liberdade*, publicado no Brasil pela Editora Sextante, para obter mais detalhes e instruções acerca das Meditações Ativas de Osho.

Continue praticando! Você conseguirá superar as tensões e há duas razões óbvias. Primeiro, trata-se de um exercício vigoroso e o seu corpo tem de se acostumar com ele. Durante três ou quatro dias, sentirá o corpo todo doer. É o que acontece com qualquer exercício novo. Depois de quatro dias isso terá sido superado e o seu corpo se sentirá mais forte do que nunca.

Contudo, essa não é a razão principal. Ela é mais profunda, conforme os psicólogos modernos vieram a descobrir. Seu corpo não é simplesmente físico. No seu corpo, nos seus músculos, muitas coisas foram causadas pelas repressões. Se você reprime a raiva, o veneno vai para o corpo, para os músculos, para o sangue. Se reprime alguma coisa, não é um fenômeno apenas mental: também é físico. Você não é corpo e mente; é *corpo-mente*, psicossomático. Tudo o que é feito com o corpo atinge a mente e tudo o que é feito com a mente afeta o corpo, uma vez que ambos são extremidades da mesma entidade.

Por exemplo, se você fica com raiva, o que acontece com seu corpo? Certos venenos são liberados na corrente sangüínea. Sem isso, não ficaria suficientemente enlouquecido para ficar com raiva. É um fato científico, não é só filosofia. Seu sangue fica envenenado.

Nas ocasiões em que está com raiva, você consegue fazer coisas que normalmente não pode, porque, naqueles momentos, está fora de si. Pode empurrar uma grande rocha, por exemplo. Normalmente, não conseguiria fazer isso: passada a raiva, mal consegue acreditar que foi capaz de empurrar essa rocha, atirá-la para longe ou levantá-la. Quando volta ao normal, não consegue mais movê-la porque não é o mesmo. Determinadas substâncias estavam circulando em sua corrente sangüínea, era uma situação de emergência e toda a sua energia foi mobilizada.

Quando um animal fica com raiva, ele de fato fica com raiva. Não há qualquer regra moral para reprimi-lo, nenhum ensinamento, então ele expressa toda a sua fúria. Quando você se sente assim, é similar a qualquer outro animal. Mas aí surge a sociedade, a moralidade, a etiqueta e milhares de outras coisas. É preciso engolir a raiva, mostrar que está tudo tranqüilo. É preciso sorrir amarelo. O que acontece com o seu corpo? Está pronto para lutar ou fugir: enfrentar o perigo ou fugir dele. O corpo está pronto para fazer qualquer coisa, está ficando violento, agressivo.

Se fosse possível ser violento ou agressivo, a energia seria liberada. Mas não se pode – não é conveniente, então o impulso é reprimido. O que acontece com todos aqueles músculos que estavam prontos para a agressão? Ficam atrofiados. A energia diz para que sejam agressivos e você os força na direção contrária, portanto eles entram em conflito. Em seus músculos, em seu sangue, nos tecidos do seu corpo haverá um conflito. Seu organismo está pronto para expressar algo, mas é forçado a não expressar nada. Isso faz com que o corpo fique enfraquecido. O mesmo ocorre com as outras emoções, dia após dia, durante anos. Até que o corpo todo fica estropiado. Todos os nervos atrofiados. Deixam de ser fluidos, perdem a vida. Ficam mortos, envenenados, emaranhados. Deixam de ser naturais.

Olhe para qualquer animal e veja a graça de seu corpo. O que acontece com o corpo humano? Por que não é gracioso? Você fez alguma coisa com ele: massacrou-o e a espontaneidade natural de seu fluxo se perdeu. O corpo ficou estagnado. Há veneno por todas as partes. Em todos os músculos existe raiva reprimida, sexualidade reprimida, cobiça reprimida, inveja e ódio reprimidos. Tudo está reprimido ali. Seu corpo está realmente doente.

Quando você começa a fazer essas meditações ativas, todos esses venenos são liberados. Quando o corpo fica estagnado, é preciso descongelá-lo, torná-lo fluido novamente. Isso requer um grande esforço. Depois de 40 anos vivendo do jeito errado, de repente, ao meditar, há uma revolução em todo o corpo. Você sentirá dor no corpo inteiro, mas é uma dor boa, é preciso aceitá-la. Deixe que o corpo volte a fluir. Ele se tornará gracioso como o de uma criança e você ganhará vivacidade outra vez. Antes de essa vivacidade surgir, contudo, as partes novas têm de se fortalecer e isso causa um pouco de dor.

Os psicólogos dizem que criamos uma armadura em volta do corpo. Se você puder se expressar plenamente quando fica com raiva, o que fará? Quando está com raiva, começa a trincar os dentes; quer fazer alguma coisa com as unhas e com as mãos, pois é essa a sua herança animal. Quer destruir alguma coisa.

Se não fizer nada com os dedos, eles ficam atrofiados, perdem sua graça e beleza. Deixam de ser membros vivos. O veneno fica ali. Ao apertar a mão de alguém, não há um toque de verdade, não há vida. Suas mãos estão mortas.

É fácil sentir isso. Toque a mão de uma criança pequena. Existe uma diferença sutil. A criança pode não lhe dar a mão: ela irá retraí-la, mas não lhe dará uma mão morta. Quando uma criança realmente lhe dá a mão, contudo, sentirá como se a mão dela estivesse se fundindo com a sua. Há calor, há um fluxo, como se toda a criança estivesse na sua mão. Basta um toque para que ela expresse todo o amor possível.

Quando crescer, essa mesma criança apertará sua mão como se fosse um instrumento sem vida. Não estará presente nessa mão, não fluirá por meio dela. Isso acontece porque existem bloqueios. A raiva está bloqueada. Antes que a mão possa ganhar vida novamente, para expressar amor, tem de passar pela dor, tem de expressar profundamente a raiva. Se a raiva não for liberada, o amor não pode fluir através dela.

Todo o seu corpo está bloqueado, não só as mãos. Pode abraçar alguém, pode aconchegar alguém no peito, mas não é o mesmo que levar a pessoa para perto do seu coração. São coisas diferentes. Aconchegá-la no peito é um fenômeno físico. Porém, se você tem uma armadura em torno do coração, um bloqueio nas emoções, permanece tão distante quanto antes e nenhuma intimidade é possível. Se realmente trouxer a pessoa para perto e não houver armadura, nenhuma parede entre os dois, seu coração se fundirá com o dela. Haverá um encontro, uma comunhão.

Seu corpo precisa eliminar muitos venenos. A dor existe porque esses venenos se sedimentaram. Essa meditação serve para criar um caos interno, para que tudo passe por uma reviravolta e um novo arranjo seja possível. Seu modo de ser atual reflete um caminho completamente errado e deve ser destruído para que algo novo possa ser criado, para que um novo ser possa nascer.

Assim, continue a fazer a meditação e deixe que o corpo sinta dor. Não resista, deixe que passe por essa agonia. Ela vem do passado, mas irá embora. Se estiver pronto, ela irá embora e, quando for, pela primeira vez você terá um corpo. Nesse momento, tudo que há é uma prisão, uma cápsula morta. Você está encapsulado, não tem um corpo ágil e ativo. Até mesmo os animais têm um corpo mais belo, mais vivo.

Aliás, isso explica por que passamos a ter tanta obsessão pelas roupas – porque não vale a pena mostrar o corpo. Ficamos obcecados pelas roupas! Quando ficamos nus, vemos o que fizemos com nossos corpos. As roupas os escondem.

Essa doença é um círculo vicioso, porque, se você não tem um corpo vivo, quer escondê-lo e, quanto mais o esconde, mais morto ele fica.

Depois de séculos e séculos vestindo roupas, nós perdemos o contato com o nosso corpo. Se a cabeça fosse cortada e você encontrasse seu corpo sem cabeça, tenho certeza de que não o reconheceria. Não tem qualquer sentimento com relação a ele: simplesmente vive dentro dele, sem se preocupar com isso.

Praticamos uma grande violência contra os nossos corpos. Por isso, nessa meditação caótica, forço o corpo a ganhar vida outra vez. Muitos bloqueios são rompidos, muitas coisas assentadas agitam-se outra vez e muitos sistemas se tornam novamente fluidos. Haverá dor, mas dê boas-vindas a ela. É uma bênção, logo será superada. Continue! Não é preciso pensar no que fazer, basta continuar a meditação. Tenho visto milhares e milhares de pessoas passando pelo mesmo processo.

Dentro de alguns dias, quando a dor passar, perceberá uma alegria sutil em volta de seu corpo. Não pode senti-la agora por causa da dor que está presente em todo o seu corpo. Você havia perdido consciência dela, embora sempre tenha existido. Por meio da meditação, ficará novamente consciente da dor e então a mente dirá: "Não faça isso; o corpo todo está dolorido." Não dê ouvidos à mente, continue praticando.

A alegria só significa que seu corpo está numa sinfonia, nada mais – seu corpo está num ritmo musical. Alegria não é prazer: o prazer decorre de alguma coisa. A alegria é apenas ser você mesmo, vivo, cheio de vibração e de vigor. O sentimento de uma música sutil em torno de seu corpo e dentro dele, uma sinfonia – isso é alegria. Você se sente alegre quando seu corpo está fluindo como um rio.

Isso acabará acontecendo, mas antes é preciso passar pelo sofrimento, pela dor. Se você não parar no meio, irá passar. Se parar no meio, tudo voltará a ser como antes. Dentro de quatro ou cinco dias se sentirá bem, como sempre foi. Fique atento a esse bem-estar.

O estado de desprendimento

É difícil alcançar o estado de desprendimento, porque isso sempre foi condenado como sendo preguiça. Vai contra a sociedade maníaca por trabalho. Desprendimento significa começar a viver de um modo mais são. Não ficar mais alucinado atrás de dinheiro, parar de trabalhar 24 horas por dia – trabalhar apenas para atender às necessidades materiais. Mas há necessidades espirituais também! O trabalho é importante para atender às demandas materiais. O desprendimento é importante para atender às demandas espirituais. Porém a humanidade, em sua grande maioria, tem boicotado completamente o crescimento espiritual.

O desprendimento é um belo estado. Você simplesmente existe, nada faz, fica sentado, em silêncio, deixando a grama crescer por si mesma. Aprecia a canção dos pássaros, o verde das árvores, as cores vivas e multidimensionais das flores. Não tem de fazer nada para usufruir da existência, só precisa parar de fazer. Tem de ficar num estado de completa desocupação, sem tensão, sem preocupações.

Nesse estado de tranqüilidade, você entra numa certa sintonia com a música que o cerca. De repente se dá conta da beleza do sol. Existem milhões de pessoas que nunca apreciaram um pôr-do-sol. Não se permitem. Estão o tempo todo trabalhando, produzindo não para elas mesmas, mas em nome de interesses escusos: os dos que estão no poder, que são capazes de manipular seres humanos.

Naturalmente, eles pregam que o trabalho engrandece – em seu próprio interesse. Esse condicionamento está tão arraigado que mesmo você não sabe por que não consegue relaxar.

Mesmo durante os feriados ou as férias as pessoas ficam fazendo coisas variadas. Não conseguem só relaxar na praia, aproveitar o oceano e o ar marítimo, tão fresco e salgado. Não, elas farão alguma coisa idiota. Talvez desmontem a geladeira – que estava funcionando perfeitamente – ou estraguem um antigo relógio do avô, que trabalhava há séculos, só na tentativa de aperfeiçoá-lo. Mas, basicamente, não conseguem sentar e ficar quietas; esse é o problema. Têm de fazer algo, têm de ir a algum lugar.

A cada feriado as pessoas correm para o spa, para a praia, mas não vão descansar – não terão tempo para isso porque milhões de indivíduos estão indo para o mesmo lugar. Os feriados são a melhor época para se ficar em casa, porque a cidade inteira foi para a praia. Os carros seguem de pára-choques grudados no engarrafamento e, quando finalmente chegam à praia, está lotada, é impossível conseguir um lugarzinho para se deitar na areia. Até o mar parece estar rindo da estupidez dessas pessoas.

Elas ficam ali deitadas durante alguns minutos, depois precisam de um sorvete, de uma Coca-Cola. Quando o feriado acaba, é preciso enfrentar novamente a maratona de volta para casa.

É estranho! E durante os cinco dias da semana – nos dias de trabalho –, as pessoas ficam na expectativa, esperando com ansiedade pelos dias de folga. E nesses dois dias do fim de semana esperam seu escritório ou fábrica abrir.

As pessoas esqueceram-se completamente da linguagem do relaxamento. Foram levadas a esquecê-la. Toda criança nasce com uma capacidade interior – não é preciso ensinar as crianças a relaxar. Observe-as: são relaxadas, vivem num estado de desprendimento. Mas você não deixa que elas usufruam esse estado de paraíso: quer torná-las civilizadas o mais rápido possível.

Toda criança é primitiva, incivilizada. E os pais, os professores, todo mundo fica atrás dela para civilizá-la, para torná-la parte da sociedade. Ninguém se importa que a sociedade seja absolutamente insana. Seria bom se a criança continuasse como é, que não fosse mais iniciada na sociedade e na sua suposta civilização.

Mas, cheios de boas intenções, os pais não conseguem deixar a criança em paz. Têm de ensiná-la a trabalhar, a ser produtiva, competitiva. Têm de dizer: "A menos que esteja por cima, você será uma decepção para nós."

Então, todo mundo está correndo para ficar por cima.

Como é possível relaxar?

Quando construíram estradas de ferro pela primeira vez na Índia, o engenheiro britânico que supervisionava a obra ficou surpreso ao ver que, todo dia, um jovem aldeão aproximava-se, deitava-se à sombra de uma grande árvore e observava os operários trabalhando e os supervisores dando instruções. O engenheiro ficou curioso. Todo dia o rapaz trazia algo para comer, almoçava e descansava, dormia à tarde sob a sombra da árvore.

Finalmente, o engenheiro não conseguiu mais resistir à tentação e perguntou ao aldeão:

– Por que não começa a trabalhar? Você vem de qualquer jeito, todo dia, e perde tempo deitado aí, só observando.

O aldeão respondeu:

– Trabalhar? Mas para quê?

O engenheiro disse:

– Para ganhar dinheiro!

O aldeão perguntou:

– Mas o que farei com o dinheiro?

O engenheiro respondeu:

– Seu burro! Você não sabe o que fazer com o dinheiro? Quando tem dinheiro, pode relaxar e aproveitar a vida!

O pobre aldeão disse:

– Que estranho! Eu estou relaxando e aproveitando a vida! Tanto trabalho por nada: trabalhar duro, ganhar dinheiro para depois aproveitar a vida e relaxar. Já estou fazendo isso!

As crianças vêm ao mundo com a qualidade intrínseca e intuitiva do desprendimento. São extremamente relaxadas. É por isso que todas as crianças são belas. Quando crescem, toda a sua beleza e graça se desvanecem. É muito difícil achar um adulto com a mesma graça, a mesma beleza, a mesma vivacidade. Aquele que encontrar um homem inocente e relaxado como uma criança terá encontrado um sábio. É assim que definimos um sábio no Oriente: alguém que volta a ser criança. Depois de passar pelos altos e baixos da vida, finalmente ele decide, com base na sua experiência – a decisão vem naturalmente –, que, antes que a morte chegue, tem de ser novamente a criança que foi um dia.

Eu ensino sobre o desprendimento porque é a única coisa que pode torná-lo um sábio. Nenhuma igreja pode ajudar, nenhuma teologia, nenhuma religião, porque nenhuma delas o ensina a se desprender. Todas falam em trabalho, na dignidade do trabalho. Usam lindas palavras para escravizá-lo, para explorá-lo. Estão conspirando com os parasitas da sociedade.

Não sou contra o trabalho: o trabalho tem uma utilidade, mas é só isso. Não pode se tornar a sua vida. Não há dúvida de que você precisa de comida, de roupas, de um teto. Trabalhe, mas não fique viciado. Assim que parar de trabalhar, tem de saber como relaxar.

E não é preciso muita sabedoria para relaxar, trata-se de uma arte simples. É simples porque você já sabia relaxar quando nasceu. É uma capacidade que já tem, só precisa despertá-la novamente do seu torpor. Tem de ser provocada.

Todos os métodos de meditação não passam de formas de ajudá-lo a se recordar da arte de relaxar. Princípios simples têm de ser lembrados: é preciso começar com o corpo. Deite-se na cama – você faz isso todo dia, não há nada de novo. Quando se deitar, antes que o sono chegue, comece a observar, de olhos fechados, a energia que vem dos seus pés. Parta dali – há alguma tensão? Nas pernas, nas coxas, na barriga? Existe alguma tensão nesses locais? Se encontrar tensão em algum lugar, tente relaxá-lo. Não prossiga enquanto não sentir o relaxamento.

Passe para as mãos, porque estão ligadas à sua mente. Se sua mão direita estiver tensa, o lado esquerdo do seu cérebro também ficará. Se sua mão esquerda estiver tensa, o lado direito do seu cérebro também ficará. Portanto, primeiro cuide das mãos – são quase ramificações do seu cérebro. Depois, finalmente, chegue à mente.

Quando todo o corpo estiver relaxado, a mente já estará quase 90% relaxada também, pois o corpo é apenas uma extensão da mente. Então basta observar os 10% de tensão que ainda restarem e isso será suficiente para dissipar as nuvens. Você levará alguns dias – é uma habilidade que o levará a se lembrar das suas experiências de criança, quando era muito relaxado.

Comece a relaxar quando estiver na cama, toda noite, e, depois de alguns dias, vai pegar o jeito. Após descobrir o segredo – ninguém pode ensiná-lo, é preciso buscá-lo dentro do seu corpo –, você conseguirá relaxar a qualquer hora, mesmo durante o dia. Ser mestre em relaxamento é uma das experiências mais belas deste mundo. Trata-se do início de uma bela jornada rumo à espiritualidade, pois, quando fica num estado de desprendimento, você deixa de ser um corpo. Já observou uma coisa muito simples? Só quando fica consciente do seu corpo você sente tensão e dor. Já ficou consciente da sua cabeça quando não está com dor de cabeça? Se todo o seu corpo estiver relaxado, você se esquece de que é um corpo. É nesse esquecimento do corpo que está a lembrança de um novo fenômeno que se encontra oculto dentro dele: o seu ser espiritual.

O desprendimento é o modo de saber que você não é o corpo, mas algo eterno, imortal.

Não há necessidade de pertencer a qualquer religião deste mundo. A arte simples do desprendimento basta para tornar qualquer ser humano um ser espiritual. Religião não é acreditar em Deus, religião não é acreditar no papa, religião não é acreditar num sistema ideológico. Religião é conhecer aquilo que é eterno dentro de você; aquilo que é a verdade da sua existência, aquilo que é a sua divindade e que é a sua beleza, sua graça, seu esplendor. A arte do desprendimento é um sinônimo da experiência do imaterial, do imensurável; é o seu ser autêntico.

Existem alguns momentos em que, sem perceber, você está num estado de desprendimento. Por exemplo, quando ri de verdade – ri com a barriga, não só com a cabeça –, está relaxado sem saber. É por isso que a risada faz tão bem à saúde.

Mas a risada foi reprimida pelos mesmos conspiradores que reprimiram a consciência do desprendimento. Você já ouviu os risinhos de uma criança pequena? Todo o corpo dela ri ao mesmo tempo. Entretanto, quando você ri é muito raro ver o seu corpo inteiro rindo – é um ato intelectual, mental.

Minha experiência diz que a risada é muito mais importante do que a prece, pois a prece nunca o relaxa. Pelo contrário, o deixa ainda mais tenso. Ao rir, é possível esquecer-se de todos os condicionamentos, de todos os treinamentos e de toda a seriedade. Da próxima vez que rir, preste atenção no quanto está relaxado.

Procure descobrir outras ocasiões em que você fica relaxado. Depois de fazer amor, por exemplo. O mesmo grupo de conspiradores tenta impedir que você relaxe depois de fazer amor. O homem vira para o outro lado e finge dormir, mas, lá no fundo, está se sentindo culpado por ter pecado outra vez. A mulher fica chorando, porque sente que foi usada. O homem quer terminar a coisa toda o mais rápido possível. Ele carrega a Bíblia, o Alcorão, o Shrimad Bhagavadgita dentro de si e todos vão contra o que ele está fazendo. Naturalmente, quanto mais rápido acabar, melhor. Depois ele se sente extremamente mal. Como relaxar, então? Ele fica ainda mais tenso. Como o homem é tão rápido, a mulher nunca chega ao êxtase. Ela mal está começando e ele já terminou. É natural que a mulher comece a achar que o homem parece mais um animal.

Nas igrejas, nos templos, só há mulheres, mulheres idosas, principalmente. Quando o sacerdote fala de pecado, elas sabem do que se trata! O sexo não podia deixar de ser pecado, porque nunca obtiveram prazer com aquilo: foram usadas como mercadorias – objetos sexuais.

Por outro lado, se você estiver livre da culpa, livre de todas as inibições, o sexo lhe proporcionará uma grande experiência de desprendimento.

Você tem de olhar para a sua vida e procurar uma experiência natural de desprendimento. Por exemplo, quando está nadando. Se é um nadador de verdade, consegue apenas flutuar, sem nadar, e vive momentos de imenso desprendimento em que apenas segue o fluxo, sem qualquer movimento contra a corrente, passando a fazer parte dela.

Reúna experiências de desprendimento a partir de muitas fontes diferentes e logo você terá nas mãos todo o segredo. Trata-se de uma das coisas mais fundamentais da vida. Isso o libertará de todo o condicionamento relacionado ao vício do trabalho.

Isso não significa que ficará preguiçoso – pelo contrário, quanto mais relaxado, mais cheio de poder, mais a energia se acumula. Seu trabalho começará a ter um quê de criatividade, não apenas de produção. Faça o que fizer, será feito com todo o seu ser, com todo o seu amor. E você terá uma grande energia para fazê-lo.

Cultivar o desprendimento, portanto, não é ser contra o trabalho. Na verdade, significa transformar o trabalho numa experiência criativa.

Meditação diária

Sempre que tiver tempo, passe alguns minutos relaxando todo o sistema respiratório e nada mais – não há necessidade de relaxar o corpo todo. Sentado no metrô, no avião ou no carro, ninguém se dará conta do que você está fazendo. Relaxe o sistema respiratório. Deixe que funcione naturalmente. Depois, feche os olhos e observe o ar entrando e saindo, entrando e saindo...

Não se concentre. Se tentar se concentrar, criará dificuldades, porque tudo passa a ser uma perturbação. Se tentar se concentrar enquanto está sentado no carro, o barulho do motor começará a incomodar, a pessoa sentada ao seu lado começará a incomodar.

Meditação não é concentração, é apenas percepção. Relaxe e observe a respiração. Nesse observar, nada é excluído. O motor do carro faz barulho – tudo bem, aceite isso. Há tráfego em volta – isso também faz parte da vida. O passageiro ao seu lado está roncando, aceite o fato. Nada fica de fora. Você não deve restringir sua consciência.

Concentração é restringir-se à própria consciência; assim, você fica focado num único ponto, mas todo o resto vira uma competição. Você fica brigando contra tudo, pois tem receio de se desconcentrar. Algo pode distrair sua atenção e isso passa a incomodar. Então o isolamento se torna necessário, você quer estar no Himalaia. Quer estar na Índia e em um cômodo onde possa sentar-se em silêncio, sem ninguém que o perturbe.

Não, isso não está certo, não pode se tornar um processo de vida. Isso é se isolar. É algo que pode até dar bons resultados, pois trará tranqüilidade e calma, mas esses resultados são temporários. É por isso que a toda hora você sente que saiu da sintonia. Se não tiver as condições exatas para relaxar, tudo se perde.

Uma meditação em que certos pré-requisitos são necessários, em que certas condições precisam ser satisfeitas, não é meditação, porque você não poderá fazê-la quando estiver morrendo. A morte será uma distração. Se a vida o distrai, pense na morte: você não será capaz de morrer num estado de espírito meditativo. Morrerá tenso, ansioso, infeliz, sofrendo, e estará criando as condições para que o seu próximo nascimento seja do mesmo tipo.

Deixe que a morte seja o critério. Aquilo que não puder ser feito mesmo enquanto estiver morrendo não será verdadeiro. Se, por vezes, as condições forem favoráveis, ótimo, aproveite-as. Se não forem, não faz diferença. Você pode meditar até mesmo em um lugar tumultuado. Não faça nada para tentar controlar a meditação, porque todo o controle vem da mente – por isso a meditação nunca pode ser uma coisa controlada.

A mente não pode meditar. A meditação é algo que está além da mente, ou abaixo dela, mas nunca dentro dela. Portanto, se a mente ficar observando ou controlando, não será meditação, mas concentração. A concentração é um esforço da mente, que leva as qualidades dela ao apogeu. Um cientista se concentra, um soldado se concentra. Caçadores, pesquisadores, matemáticos... todos eles se concentram. Essas são atividades da mente.

Você pode escolher qualquer ocasião. Não há necessidade de marcar um horário fixo. Aproveite qualquer momento disponível. No banheiro, quando você tiver 10 minutos, sente-se sob o chuveiro e medite. Pela manhã, à tarde, só quatro ou cinco minutos, durante pequenos intervalos; medite e você verá que isso sempre o alimentará. Não é preciso fazer isso durante as 24 horas do dia.

Bastam algumas meditações. Não é preciso beber o rio inteiro. Basta uma xícara de chá. E torne a coisa o mais simples possível. O fácil é certo. Faça com que seja o mais natural possível. E não vá além disso – só pratique a meditação quando tiver tempo. Não faça dela um hábito, pois todos os hábitos pertencem à mente, e uma pessoa de verdade não tem hábitos.

Relaxado e descontraído

Para relaxar é preciso ficar confortável. Encontre uma boa postura na cadeira. Feche os olhos e relaxe o corpo. Do dedão do pé à cabeça, sinta por dentro os pontos de tensão. Se sentir tensão no joelho, relaxe o joelho. Toque o joelho e diga "Por favor, relaxe". Se sentir tensão nos ombros, toque o local e diga "Por favor, relaxe". Em uma semana, você conseguirá se comunicar com o seu corpo. Relaxe na cadeira, regule a iluminação do cômodo da maneira que quiser, só não o deixe muito iluminado. Diga a todo mundo que não quer ser perturbado durante 20 minutos, como se o mundo deixasse de existir. Feche a porta, sente-se confortavelmente na cadeira, sem roupas apertadas ou qualquer coisa que o prenda, e comece a sentir onde está localizada a tensão. Você encontrará muitos pontos de tensão. Eles têm de ser desfeitos primeiro, porque, se o corpo não estiver relaxado, a mente também não estará. O corpo cria a situação para a mente relaxar. O corpo torna-se o veículo.

Percorra todo o corpo e envolva-o com compaixão, com profunda simpatia e cuidado. Isso vai levar uns cinco minutos, e você vai começar a se sentir extremamente mole, relaxado, quase sonolento. Leve essa consciência para a respiração; relaxe a respiração.

O corpo é nossa parte mais exterior, a consciência é nossa parte mais interior e a respiração é a ponte que liga as duas. É por isso que, depois que a pessoa pára de respirar, morre – a ponte se rompeu, o corpo já não pode mais servir de casa, de abrigo.

Assim, quando o corpo estiver relaxado, feche os olhos e passe para a respiração. Relaxe-a também. Tenha uma conversinha com ela: "Por favor, relaxe. Fique natural." Verá que, no momento em que disser isso, haverá um "clique" sutil. Ao longo de nossa vida, a respiração adquire um ritmo pouco natural. Deixamos de relaxá-la porque estamos sempre tão tensos que a respiração também se torna tensa, como se fosse um hábito. Diga a ela para relaxar duas ou três vezes e depois fique em silêncio.

CAPÍTULO 6

A PORTA PARA A CONSCIÊNCIA

Milhões de pessoas estão vivendo de acordo com o espelho. Acham que o que vêem no espelho é o seu rosto. Acham que é o seu nome, a sua identidade, e que isso é tudo.

Você terá que ir um pouco mais fundo. Terá de fechar os olhos. Terá de se observar interiormente. Terá de ficar silencioso. Se não chegar a um ponto de profundo silêncio interior, nunca saberá quem é. Eu não posso lhe dizer quem você é. Não há como. Todo mundo tem de descobrir por si mesmo. Mas você existe – isso é certo. A única questão, para atingir o âmago do seu ser, é encontrar a si mesmo. E é isso o que venho ensinando durante todos esses anos. O que chamo de meditação nada mais é do que um artifício para que você descubra a si mesmo.

Não me pergunte. Não pergunte a ninguém. Tem de achar a resposta dentro de si mesmo e mergulhar muito fundo para descobri-la. E está tão perto – basta uma volta de 180 graus para encontrar essa resposta.

Vai ficar surpreso ao descobrir que você não é o seu nome, nem o seu rosto, nem o seu corpo, nem mesmo a sua mente.

Você é parte de toda a existência, de toda a sua beleza, grandeza, felicidade, seu imenso êxtase. Conhecer a si mesmo é o significado da consciência.

Centro e circunferência

O corpo, em si, não é nada. Torna-se luminoso em função de algo que está por trás dele. A glória não está no corpo em si, ele é um anfitrião. Sua glória decorre do hóspede. Esquecer-se do hóspede é pura indulgência. Lembrar-se é amar o corpo, e celebrá-lo passa a fazer parte do culto ao corpo.

O atual culto ao corpo não tem sentido. As pessoas procuram comida saudável, massagens, *rolfing* e mil e uma coisas que possam dar algum significado à vida. Mas olhe nos olhos das pessoas: há um grande vazio. Dá para ver que elas não percebem esse significado. Não existe qualquer fragrância ali, a flor não floresceu. Lá no fundo são como um deserto: estão perdidas, sem saber o que fazer. Não param de fazer coisas para o corpo, mas isso não está surtindo efeito.

Se falta o centro, então, pode-se continuar decorando a periferia. Isso pode enganar aos outros, mas você não pode satisfazer a si mesmo. Pode até se enganar de vez em quando, porque nossas próprias mentiras, quando repetidas muitas vezes, começam a parecer verdades. Mas não pode se satisfazer, não pode obter o contentamento. O homem moderno está tentando de tudo para aproveitar a vida, mas parece não haver qualquer alegria. Lembre-se: sempre que estiver tentando aproveitar a vida, na verdade a deixará escapar. Quando estiver tentando alcançar a felicidade, a deixará passar. Fazer esforço para atingir a felicidade é absurdo, porque a felicidade já está aqui e nada pode ser "feito" para atingi-la. Não há nada a fazer, apenas permitir que aconteça. Já está acontecendo, está à sua volta, dentro, fora, só a felicidade existe. Nada mais é real. Observe, olhe atentamente este mundo, as árvores, os pássaros, as rochas, os rios, as estrelas, a Lua e o Sol, as pessoas, os animais – olhe com atenção: a existência é feita da essência da felicidade, da alegria. É feita de êxtase. Não há nada a fazer quanto a isso. Seu próprio fazer pode ser uma barreira. Relaxe e ela o preencherá; relaxe e a felicidade correrá ao seu encontro; relaxe e ela transbordará de você.

O homem moderno está empenhado nessa busca, tentando conseguir algo da vida, tentando agarrá-la. Não vai funcionar, porque o caminho não é esse. Você não pode agarrar a vida, tem de se render a ela. Não pode conquistar a vida. Tem de ser corajoso a ponto de ser derrotado por ela. A derrota é uma vitória nesse caso, e o esforço para ser vitorioso no final será apenas sua derrocada final e absoluta.

A vida não pode ser conquistada porque a parte não pode conquistar o todo. É como se uma pequena gota de água quisesse conquistar o oceano. Sim, a gota de água pode cair no oceano e se tornar o oceano, mas não pode conquistá-lo. Na verdade, se quiser conquistá-lo, terá de mergulhar dentro dele, escorregar para dentro dele.

O homem moderno está tentando encontrar a felicidade, por isso se preocupa tanto com o corpo. É quase uma obsessão. Está fazendo um esforço para estabelecer algum contato com a felicidade por meio do corpo, mas isso não é possível.

A mente moderna é competitiva. Não é necessário ser, de fato, apaixonado pelo corpo – pode ser apenas uma competição com as outras pessoas. Como os outros estão fazendo coisas, você também tem de fazer. A mente contemporânea é a mais fútil e ambiciosa que já existiu neste mundo. É muito básica e mundana. É por isso que o homem de negócios é tão onipresente. Todo o resto passou para o segundo plano, enquanto o homem de negócios, o homem que controla o dinheiro, é a realidade mais presente. Na Índia, durante séculos, os brâmanes foram a realidade mais presente – os buscadores de Deus. Na Europa, os aristocratas eram a realidade mais presente – cultos, estudados, alertas, em sintonia com os sutis matizes da vida: música, arte, poesia, escultura, arquitetura, danças clássicas, línguas, o grego e o latim. O aristocrata, que tinha sido condicionado, durante séculos, pelos valores mais elevados da vida, era a realidade mais presente na Europa. Na Rússia soviética, o proletariado, os tiranizados, os oprimidos, os operários eram a realidade mais presente. No Ocidente, hoje, é o homem de negócios, aquele que controla o dinheiro.

O dinheiro é o mais competitivo dos reinos. Não é preciso ter cultura, só dinheiro. Não é preciso saber nada sobre música e poesia. Não é preciso saber nada sobre literatura, história, religião e filosofia antigas. Se tiver uma conta bancária bem grande, você é importante. Você pode comprar um Van Gogh ou um Picasso, não pelo fato de ser um Picasso, mas porque os vizinhos também compraram. Eles têm um quadro de Picasso na sala de estar: como suportar não ter um também? Talvez você nada saiba sobre arte – pode nem mesmo saber como pendurá-lo, qual é o lado certo. Pode nem ter idéia se é um Picasso autêntico. Talvez nem olhe para ele, mas, como os outros têm um e estão falando sobre Picasso, é preciso mostrar a sua cultura. O dinheiro e os vizinhos parecem ser o único critério para decidir qualquer coisa: o carro, a casa, os quadros, a decoração. As pessoas não têm uma sauna no banheiro de casa porque amam o próprio corpo, mas porque está na moda – todo mundo tem. Quem não tiver vai parecer pobre. Se alguém tem uma casa nas montanhas, é preciso ter uma também. Talvez nem saiba o que vai fazer nas montanhas ou ache aquilo um tédio. Ou vai levar a TV para lá e assistir aos mesmos programas que vê em sua casa. Que diferença faz o lugar onde está sentado?

Já observou uma criança correndo, gritando, dançando sem qualquer razão em especial – sem causa? Se perguntar por que está tão feliz, ela não será capaz de responder. Será que é preciso ter uma causa para ser feliz? Ela ficará chocada com a sua pergunta. Dará de ombros e seguirá seu caminho, continuando a cantar e a dançar. A criança não tem nada. Não é o primeiro-ministro ou o presidente da República. Ela não possui nada – talvez algumas conchas ou pedrinhas que tenha pego na praia, isso é tudo.

A vida do homem moderno acaba quando a vida acaba. Quando

o corpo chega ao fim, a pessoa também chega. Por isso as pessoas têm muito medo da morte. Por causa do medo da morte, o homem moderno está tentando de todas as maneiras prolongar a vida, às vezes por períodos absurdos. Existem pessoas que estão vegetando nos hospitais, nos asilos. Não estão vivendo: estão mortas há muito tempo. A vida está sendo mantida pelos médicos, pelos remédios, pelos equipamentos modernos. De alguma forma, estão adiando a morte.

O medo da morte é imenso. Depois que partir, você irá embora para sempre e nada mais restará – porque o homem moderno só conhece o corpo, e nada mais. Se só conhece o corpo, você vai ser muito pobre. Primeiro, sempre terá medo da morte – então como gostar realmente da vida? O medo estará sempre presente. É a vida que traz a morte e você não consegue vivê-la plenamente. Se a morte acaba com tudo, se essa é a sua compreensão e modo de pensar, sua vida será de correria e eterna busca. Como a morte está chegando, você não pode ter paciência. Daí a mania de velocidade – tudo tem de ser feito depressa, porque a morte está se aproximando: procure fazer o máximo possível. Procure sobrecarregar seu ser com a maior quantidade possível de experiências antes de morrer porque, depois, acabou.

Isso não tem sentido e, evidentemente, causa angústia e ansiedade. Se, depois da morte do corpo, não restar mais nada, nada do que fizer pode ser muito profundo. Nada que fizer o satisfará. Se a morte é o fim e depois não restar mais nada, a vida não pode ter sentido ou significado. Será uma história contada por um idiota, cheia de som e fúria, sem significado.

O ser humano consciente sabe que está no corpo, mas não é o corpo. Ele ama o corpo, pois é seu abrigo, sua casa, seu lar. Ele não é contra o corpo porque seria tolice ficar contra a própria casa, mas também não é materialista. É realista, mas não materialista. Ele sabe que, na morte, nada morre de fato. A morte vem, mas a vida continua.

Camus escreveu que o único problema metafísico real do ser humano é o suicídio. Concordo. Se o corpo é a única realidade, e não existe dentro de você nada que vá além dele, então essa é a coisa mais importante a se considerar. Por que não cometer suicídio? Por que esperar até os 90 anos? E por que sofrer com tantos problemas e infortúnios nesse meio-tempo? Se a morte é certa, por que não morrer hoje? Por que acordar outra vez amanhã de manhã? Isso parece ser em vão.

O homem moderno está constantemente correndo de um lado para outro para conseguir, de algum jeito, agarrar todas as experiências possíveis. Corre o mundo, vai de cidade em cidade, de país em país, de hotel em hotel. Nessa busca, ele corre de guru em guru, de igreja em igreja, porque a morte está chegando. Ao mesmo tempo em que há uma louca perseguição que nunca se acaba, há também a profunda preocupação de que tudo seja inútil – porque a morte acabará com tudo. Se a pessoa tiver vivido em ostentação ou na pobreza, se foi inteligente ou não, se foi um grande amante ou deixou de ser, que diferença faz? A morte por fim chega e nivela a todos – o sábio e o tolo, os prudentes e os pecadores, os iluminados e os estúpidos, todos vão para baixo da terra e desaparecem. Então, para que isso tudo? Que diferença faz ser alguém como Buda, como Jesus ou como Judas? Jesus morreu na cruz, Judas se matou no dia seguinte: ambos desapareceram embaixo da terra.

Por outro lado, há sempre o medo de que você possa deixar escapar algo que os outros conquistaram; há a profunda preocupação de que, mesmo que consiga algo, nada seja obtido. Mesmo se chegar, não chegará a lugar algum, pois a morte vem e acaba com tudo.

O homem consciente vive no corpo, ama o corpo, celebra-o, mas não é o corpo. Sabe que existe algo nele que sobreviverá a todas as mortes. Sabe que existe algo nele que é eterno e que o tempo não pode destruir. Passa a sentir isso por meio da meditação, do amor, da prece. Passa a sentir isso no interior do seu próprio ser. Não tem medo da morte porque sabe o que é a vida.

Não corre atrás da felicidade porque sabe que Deus está enviando milhões de oportunidades, basta que ele permita que aconteçam.

A vida está pronta para acontecer. Você está criando tantas barreiras, e a maior delas é querer correr atrás das coisas. Sempre que a vida chega e bate à sua porta, você não está. Vive correndo atrás da vida, a vida vive correndo atrás de você e os dois nunca se encontram.

Exista... simplesmente exista, e tenha paciência.

A harmonia do corpo, da mente e da alma

Seu corpo é energia, sua mente é energia, sua alma é energia. Onde está a diferença entre os três? Está só no ritmo, no comprimento das ondas. O corpo é denso, é uma energia que funciona de um modo visível.

A mente é um pouco mais sutil, mas não muito, porque é possível fechar os olhos e ver os pensamentos passando. Eles não são visíveis como o corpo, que é público. Seus pensamentos são particulares, ninguém mais pode vê-los, só você ou pessoas que tenham experiência em ver pensamentos. A terceira e última camada dentro de si é a consciência, que não é visível nem mesmo para você. Não pode ser reduzida a um objeto, é inteiramente subjetiva.

Quando essas três energias funcionam em harmonia, você é uma pessoa saudável e inteira. Se não funcionarem em sintonia e de acordo umas com as outras, você fica doente, deixa de ser inteiro. E ser inteiro é ser puro.

Todo o meu empenho é no sentido de ajudá-lo para que seu corpo, sua mente e sua consciência possam todos dançar num só ritmo, numa comunhão, numa profunda harmonia – nunca em conflito, mas em cooperação.

Consciência é energia, a mais pura energia. A mente não é tão pura e o corpo é menos puro ainda. Mas você só pode conhecer essa consciência se fizer dessas três camadas um cosmos, não um caos. As pessoas estão vivendo o caos: o corpo delas diz uma coisa, quer ir numa determinada direção; a mente está completamente esquecida do corpo porque, durante séculos, ensinaram que ele é um inimigo pecaminoso que deve ser destruído.

Essas idéias o impedem de perceber seu corpo numa dança ritmada consigo mesmo. São idéias tolas, estúpidas, prejudiciais e venenosas, mas vêm sendo ensinadas há tanto tempo que se tornaram parte da mente coletiva.

Por isso a minha insistência na dança e na música, porque somente na dança será possível sentir seu corpo, sua mente e você funcionando em conjunto. Há uma alegria infinita quando todos funcionam em conjunto, uma riqueza imensa.

A consciência é a forma mais elevada de energia. Quando todas essas três energias funcionam em conjunto, a quarta vem à tona. A quarta está sempre presente quando essas três funcionam juntas – ela nada mais é do que essa unidade orgânica.

No Oriente, simplesmente chamamos essa quarta energia de "a quarta" – *turiya*. Não damos qualquer outro nome. As três outras têm nome, a quarta não tem. Conhecer a quarta é conhecer a Deus. Deus existe quando você está numa unidade orgânica orgástica. Deus não existe quando você está em caos, em desarmonia, em conflito. Quando você é uma casa que se volta contra si mesma, não há Deus algum.

Quando está extremamente feliz consigo mesmo, feliz com o que é, extasiado com o que é, grato pelo que é, todas as suas energias estão dançando juntas; quando você é uma orquestra de todas as suas energias, Deus existe. Esse sentimento de total unidade é Deus. Deus não é uma pessoa em algum lugar, é a experiência das três energias formando uma unidade de tal modo que surja uma quarta. E a quarta é mais do que a soma das outras partes.

Se dissecar uma pintura, só se deparará com a tela e as cores, mas uma pintura não é simplesmente a soma da tela e das cores, é algo mais. Esse "algo mais" é expresso por meio da pintura, da cor, da tela, do artista – esse "algo mais" é a beleza. Disseque um botão de rosa e encontrará todas as substâncias químicas que o constituem, mas a beleza desaparecerá. Não é apenas a soma das partes, é algo mais.

O todo é mais do que a soma das partes. Ele se expressa por meio das partes, mas é mais que isso. Deus é aquilo que está além, é esse acréscimo. Não é uma questão de teologia e não pode ser decidido pela argumentação lógica. É preciso sentir a beleza, a música, a dança. No limite, é preciso sentir a dança no seu próprio corpo, na sua mente, na sua alma. Aprenda a tocar essas três energias para que se tornem uma orquestra e Deus se fará presente. Aprenda a fundir corpo, mente e alma, descubra formas de funcionar como uma unidade.

Praticantes de corrida, às vezes, passam por uma grandiosa experiência de meditação. Se você já se deliciou com uma corrida de manhã cedo, quando o ar está fresco, puro e todo mundo está acordando, despertando, e você está correndo... Seu corpo funciona belamente, o ar está fresco, um novo dia nasce depois da escuridão da noite e tudo canta à sua volta. Você se sente tão vivo... Chega um momento em que o corredor desaparece, só fica a corrida. O corpo, a mente e a alma começam a funcionar juntos; de repente, um orgasmo interior acontece.

Aqueles que correm podem, portanto, ter acidentalmente a experiência da quarta energia, da *turiya*. Se estiverem atentos, os corredores podem chegar perto da meditação com mais facilidade do que qualquer outra pessoa. Correr ou nadar podem ser de extrema ajuda quando essas atividades são transformadas em meditação. Esqueça as antigas idéias sobre meditação, esqueça que sentar sob uma árvore numa postura de ioga é meditação. Esse é só um dos jeitos e pode ser bom para algumas pessoas, mas não para todas. Para uma criancinha, isso não é meditação, é tortura. Para um jovem animado, vibrante, isso é repressão e não meditação. Talvez para um homem velho, muito vivido, cujas energias estejam em declínio, isso possa ser meditação.

As pessoas são diferentes. Para alguém que tem um nível mais baixo de energia, sentar-se embaixo de uma árvore, numa postura de ioga, pode ser a melhor meditação, porque é a que menos despende energia. Quando a coluna está ereta, num ângulo de 90 graus com a terra, seu corpo gasta a menor quantidade de energia possível. Se você pender para um dos lados ou para a frente, seu corpo começa a gastar mais energia, porque a gravidade começa a puxá-lo para baixo. Você precisa se segurar para não cair. Isso gasta energia. Sentar-se com as mãos unidas sobre o colo também é muito útil para pessoas de baixa energia porque, quando as mãos estão se tocando, a eletricidade do corpo começa a se propagar em círculos, movendo-se dentro de você.

A energia está sempre saindo pelos dedos, ela nunca é liberada a partir de coisas com o formato arredondado. Por exemplo, sua cabeça retém energia. A energia é liberada pelos dedos dos pés e das mãos. Numa determinada postura de ioga, os pés ficam juntos, de modo que a energia sai por um pé e entra pelo outro; uma mão libera a energia que entra pela outra mão. Você é abastecido por sua própria energia, forma um círculo interno de energia. É muito tranqüilizante.

A postura de ioga é a mais relaxante que existe. É até mais relaxante do que o sono porque, quando dorme, todo o seu corpo sente a atração da gravidade. A posição horizontal relaxa o corpo de uma maneira totalmente diferente, pois o leva de volta aos tempos antigos, quando você era um animal e vivia nessa posição.

É por isso que, deitado, você não consegue pensar direito. Experimente. Você pode sonhar com facilidade, mas não pode pensar com facilidade. Para pensar, precisa estar sentado. Quanto mais ereto se sentar, maior a possibilidade de pensar. Pensar é um advento tardio, que só ocorreu quando o homem passou a andar na vertical. Enquanto estava acostumado com a postura horizontal, apenas sonhava. Então, ao deitar, você começa a sonhar e pára de pensar. É um tipo de relaxamento, porque o pensamento pára, você regride.

A postura de ioga é uma boa meditação para aqueles que têm pouca energia, que estão doentes, velhos, que já viveram toda uma vida e agora estão se aproximando da morte.

Correr pode ser uma meditação – praticar jogging, dançar, nadar, qualquer coisa pode ser uma meditação. Minha definição de meditação é a seguinte: sempre que o corpo, a mente e a alma estão funcionando juntos, no mesmo ritmo, trata-se de uma meditação, porque isso provoca o aparecimento da quarta. E, se está consciente de que faz essa atividade como uma meditação – não como parte dos Jogos Olímpicos –, isso é extremamente belo.

Qualquer que seja a meditação, o princípio básico precisa preencher este requisito: o corpo, a mente e a consciência, todos os três, têm de funcionar numa unidade. De repente, a quarta energia aparece: pode chamá-la de Deus, nirvana, Tao, como preferir.

Você não é o seu corpo

Quem se identifica com o corpo está sempre com pressa. Por isso existe essa pressa no Ocidente, essa obsessão pela velocidade. Basicamente, trata-se de uma identificação com o corpo. A vida não pára, escapa das mãos – faça algo e faça agora; ande rápido, senão vai perdê-la. E encontre maneiras melhores e mais rápidas de fazer algo. A velocidade virou mania. A única preocupação é saber como chegar num lugar mais rápido. Ninguém se importa em conhecer a razão por que você quer chegar. E, no momento em que chega lá, começa logo a pensar em outro lugar para ir.

A mente vive num estado constantemente febril. Isso ocorre porque nós nos identificamos com a periferia e o corpo vai morrer. A morte nos assombra. No Ocidente, a morte ainda é um tabu. Um tabu foi quebrado – o do sexo –, mas o segundo tabu, mais profundo que o primeiro, ainda persiste. É preciso um outro Freud para quebrá-lo. As pessoas não falam da morte ou, quando falam, usam eufemismos – dizem que a pessoa está com Deus, foi para o céu, descansou. Mas, se a pessoa só viveu no corpo, não foi a lugar algum. Está morta, simplesmente morta – é pó sobre pó.

O corpo é pesado, muito proeminente, aparente, visível, palpável, tangível. A consciência não é visível nem está na superfície. É preciso buscá-la, mergulhar fundo. É preciso fazer esforço, é preciso ter uma dedicação constante para explorar o próprio ser. Trata-se de uma jornada, mas, depois que você começa a se sentir como uma consciência, passa a viver num mundo completamente diferente. Deixa de ter pressa, porque a consciência é eterna, e deixa de se preocupar, porque a consciência não conhece doença, morte, derrota. Não há necessidade de buscar qualquer outra coisa. Ao corpo falta tudo, por isso ele inventa desejo após desejo; o corpo é um mendigo. Mas a consciência é um imperador: possui o mundo todo, é o mestre.

Depois de conhecer a face de seu ser interior, você relaxa. A vida deixa de ser desejo e passa a ser celebração. Tudo já está lá: as estrelas, a Lua, o Sol, as montanhas, os rios, as pessoas. Você tem de começar a viver. É disso que trata a vida: a exploração da consciência. É um tesouro enterrado. E, naturalmente, quando tem um tesouro, você o mantém enterrado bem fundo para que ninguém o roube. Deus colocou a consciência bem no fundo do seu ser. O corpo é só o portão, não é a câmara mais interior. Mas muitas pessoas vivem no portão e acham que isso é a vida; nunca entram na casa do seu ser.

Deixe que a vida seja uma jornada para o interior do seu próprio ser. Use o corpo, ame o corpo: é um belo mecanismo, uma dádiva preciosa que contém grandes mistérios, mas não se identifique com ele. O corpo é como um avião e você é o piloto. O avião é belo e muito útil, mas o piloto não é o avião e ele tem de se lembrar de que é algo separado, que está distante, muito longe. É o mestre do veículo.

Use o corpo como um veículo, mas deixe que a consciência reine absoluta.

O relaxamento é a situação em que sua energia não vai para lugar algum, nem para o futuro nem para o passado: ela fica com você. No casulo silencioso da sua própria energia, em seu calor, você fica aninhado. Esse momento é tudo o que há. Não existe outro. O tempo pára e vem o relaxamento. Se o tempo está passando, não existe relaxamento. O relógio pára, não existe tempo. Esse momento é tudo o que existe. Você não pede mais nada, apenas usufrui do momento. Coisas comuns são apreciadas porque são belas. Na verdade, nada é comum – se Deus existe, tudo é extraordinário.

Há apenas as pequenas coisas... Andar na grama quando as gotas de orvalho ainda não evaporaram e sentir-se totalmente presente – a textura, o toque da grama, o frescor do orvalho, a brisa da manhã, o sol se elevando no céu. Do que mais você precisa para ser feliz? Basta deitar à noite no lençol fresco da sua cama e sentir a textura; sentir o lençol se aquecendo, envolvido pelo manto da escuridão, pelo silêncio da noite. Com os olhos fechados, sinta a si mesmo. Do que mais precisa? Isso já é demais – uma gratidão profunda brota em você e isso é relaxamento.

Relaxamento significa que esse momento é mais do que suficiente, mais do que você pediu ou esperava. Não há nada a pedir, o que você tem já é mais do que suficiente, é mais do que poderia desejar – a energia não vai para lugar algum. Vira um casulo tranqüilo. Dentro da sua própria energia, você se dissolve. Esse momento é o relaxamento, que não vem nem do corpo nem da mente; vem do todo. É por isso que os budas nunca se cansam de dizer "Não deseje nada", porque sabem que, se existir o desejo, você não consegue relaxar. Sempre dizem "Enterre os mortos", porque, se você se preocupar demais com o passado, não consegue relaxar. Sempre dizem "Desfrute deste exato momento".

Jesus disse: "Olhe os lírios do campo. Aprenda com eles – não trabalham, porém são mais bonitos e têm mais esplendor do que o rei Salomão. Eles se adornam com um perfume mais delicioso do que o do rei Salomão. Olhe, aprenda com os lírios do campo!"

O que ele queria dizer? "Relaxe! Você não precisa trabalhar duro – na verdade, tudo é providenciado!" Jesus diz: "Se ele olha pelos pássaros no céu, pelos animais, pelas feras selvagens, pelas árvores e plantas, por que se preocupar? Ele não cuidará de você?" Isso é relaxar. Por que se preocupar tanto com o futuro? Olhe os lírios do campo, observe-os e seja como eles – e depois relaxe. O relaxamento não é uma postura, mas uma transformação completa na sua energia.

A energia pode ter duas dimensões. Uma delas é motivada, vai para um determinado lugar, segue um objetivo; o momento presente é só um meio, e o objetivo está em outro lugar que precisa ser alcançado. Essa é uma das dimensões da sua energia, a dimensão da atividade, voltada para um objetivo. Nesse caso, tudo é um meio de se conseguir alguma coisa; algo precisa ser feito e você tem de atingir o objetivo, para depois relaxar. Mas, para esse tipo de energia, o objetivo nunca chega, porque ela nunca pára de transformar todo momento presente num meio para chegar a alguma outra coisa que está no futuro. O objetivo está sempre no horizonte. Pode-se correr o tempo todo, mas a distância será sempre a mesma.

Existe também um outro tipo de energia, a celebração desmotivada. O objetivo está aqui, agora; o objetivo não está em algum outro lugar. Na verdade, você é o objetivo. Não há outra realização que não seja o momento presente – aprenda com os lírios. Quando você é o objetivo, quando ele não está no futuro, quando não há nada para se alcançar, basta celebrar esse momento: isso indica que já o alcançou. Essa energia desmotivada é relaxamento.

Portanto, para mim, existem dois tipos de pessoa: aquela que quer alcançar objetivos e aquela que celebra a vida. As pessoas voltadas para objetivos são loucas; pouco a pouco, vão ficando malucas e elas mesmas causam essa maluquice. O outro tipo de pessoa não persegue objetivos – não é alguém que esteja em uma busca, mas alguém que celebra.

É isso o que ensino: celebre! O que você já tem é até demais: as flores desabrocham, os pássaros cantam, o sol brilha no céu – celebre! Você está respirando, está vivo e tem consciência – celebre! E então, de repente, você relaxa, a tensão se dissipa e acaba a angústia. Toda a energia que antes gerava angústia agora se torna gratidão: seu coração passa a bater com uma profunda gratidão e isso é uma prece, é a essência de todas as preces.

Não é preciso nada para conseguir isso. Só compreenda o movimento da energia, o movimento desmotivado da energia. Ela flui, mas não na direção de um objetivo; flui como uma celebração. Move-se, mas não tem um fim, move-se por causa da sua própria energia transbordante.

Não há lugar algum para ir, isto aqui é tudo. Toda a existência culmina neste momento. Toda a existência já está fluindo neste exato momento. Tudo o que existe é o fluir para este momento – aqui e agora. Viva desmotivadamente, deixe que a vida seja só um transbordamento da sua energia. Compartilhe, mas não negocie, não faça barganhas. Dê porque você tem, não para conseguir algo em troca, do contrário ficará infeliz.

O que é preciso praticar, então? Ficar cada vez mais à vontade. Ficar cada vez mais no aqui e agora. Ficar cada vez mais na ação e cada vez menos na atividade. Ficar cada vez mais oco, vazio, passivo. Ser cada vez mais um observador – indiferente, sem expectativas, sem desejos. Ser feliz consigo mesmo do jeito que é. Celebrar.

Lembre-se do morador

O ser humano está no corpo, mas não é o corpo. O corpo é lindo, tem de ser amado e respeitado, mas a pessoa não pode se esquecer de que não é o corpo, é só quem mora nele. O corpo é um templo que o hospeda, mas você não é uma parte dele. Ele é uma contribuição da terra, enquanto você vem do céu. Em você, como em todos os seres encarnados, a terra e o céu se encontram: trata-se de um caso de amor entre ambos.

No momento em que você morre, nada morre de fato. Só quem está de fora tem essa impressão. O corpo volta para a terra para passar por um breve repouso e a alma volta para o céu para ter também um pequeno repouso. Várias outras vezes o encontro acontecerá. De milhões de formas diferentes, o mesmo jogo continuará. É um acontecimento eterno.

No entanto, se alguém fica muito identificado com o corpo, isso cria infelicidade. Se você começar a achar que é o próprio corpo, a vida fica pesada demais. Coisas pequenas passam a incomodar, qualquer dorzinha é forte demais: basta um arranhão para a pessoa ficar agitada e desorientada.

É preciso manter uma pequena distância entre você e seu corpo. Essa distância é criada quando a pessoa fica consciente do fato de que não pode ser o corpo. "Eu estou consciente dele, portanto é um objeto da minha consciência, e qualquer coisa que seja objeto da minha consciência não pode ser a minha consciência. Ela está observando, testemunhando e tudo o que é testemunhado está separado."

Quando essa experiência se aprofunda, a infelicidade começa a desaparecer e evaporar. A dor e o prazer se aproximam, o sucesso e o fracasso se tornam a mesma coisa, a vida e a morte já não são diferentes. A pessoa não tem escolha; vive num estado sereno de ausência de escolhas. Essa tem sido a busca de todas as religiões. Nesse estado, Deus desce à terra. Na Índia, nós o chamamos de samádi; no Japão, de satori; os místicos cristãos o chamaram de êxtase.

A palavra "êxtase" é muito significativa, quer dizer "movimento para fora". O movimento para fora do seu próprio corpo, com a consciência de que está separado dele. No momento em que isso acontece, você volta a fazer parte do paraíso perdido: o paraíso é recuperado.

CAPÍTULO 7

LEMBRANDO-SE DA LINGUAGEM ESQUECIDA PARA FALAR COM O SEU CORPO-MENTE – UMA TERAPIA MEDITATIVA DE OSHO

"As pessoas precisam aprender a fazer amizade com o corpo."

Essa meditação orientada é um processo de recordação de uma linguagem que a maioria de nós esqueceu. Trata-se da linguagem para se comunicar com o seu próprio corpo; falar com ele e ouvir suas mensagens eram práticas muito conhecidas no antigo Tibete.

A medicina moderna só agora está começando a reconhecer o que os sábios e os místicos sempre souberam: a mente e o corpo não são entidades separadas, mas profundamente relacionadas. A mente pode afetar as condições do corpo, assim como as condições do corpo podem afetar a mente.

Osho criou muitas técnicas de meditação especialmente para os homens e mulheres do mundo contemporâneo. Essa meditação orientada para falar com a mente e o corpo foi desenvolvida sob a orientação de Osho. Ele diz:

Quando você começar a se comunicar com o seu corpo, as coisas se tornarão mais fáceis. O corpo não precisa ser forçado, ele pode ser persuadido. Não é preciso brigar com o corpo – isso é feio, violento, agressivo, e qualquer conflito irá apenas criar mais tensão. Você não precisa estar em conflito: deixe que o conforto se torne a regra. O corpo é um presente tão bonito de Deus que brigar com ele é negar o próprio Deus. É um santuário, e fomos colocados dentro desse santuário; é um templo. Existimos dentro dele e temos que cuidar muito bem dele – é nossa responsabilidade.

Assim, durante sete dias... Vai parecer um pouco absurdo no começo, porque nunca nos ensinaram a falar com o corpo. Milagres podem acontecer por meio dele. Acontecem o tempo todo e nem percebemos. Enquanto estou falando, minhas mãos acompanham com gestos o que estou dizendo. Eu falo: a minha mente está comunicando algo e meu corpo a acompanha. O corpo se relaciona com a mente.

Quando você quer levantar a mão, não precisa fazer nada – ela simplesmente levanta. O corpo entende a mera idéia de que você quer levantá-la. É um milagre. Na verdade, a biologia e a fisiologia ainda não foram capazes de explicar como isso acontece. Há uma idéia: você quer levantar a mão. Como fazer para que essa idéia se transforme numa mensagem física para a mão? E isso ocorre muito rápido, quase instantaneamente.

Por exemplo, estou falando com você e minha mão continua colaborando, sem atraso algum. É como se o corpo estivesse funcionando paralelamente à mente. Ele é muito sensível. É preciso aprender a conversar com ele. A partir daí, muitas coisas podem ser feitas.

Como usar o CD

Essa meditação é sobre fazer amizade consigo mesmo, com seu corpo e também com sua mente. Você tomará consciência de como sua mente é, de como são os seus pensamentos e sentimentos e de como você se expressa por meio do corpo. Dor, doenças, vícios (como, por exemplo, compulsão por comida, álcool, açúcar, etc.) serão tratados e poderão ser curados.

Esse processo é uma oportunidade de mobilizar as suas energias de autocura e de relaxar profundamente.

A meditação tem três partes:

1. Você falará com determinadas partes do seu corpo e com o seu corpo inteiro.

Convém falar em voz alta, porque isso o ajuda a ficar alerta e consciente.

2. Você se comunicará com o seu corpo a respeito de um problema físico que tenha, seja relacionado a uma doença, ao excesso de peso, a uma dor, etc., ou à simples vontade de ser mais vigoroso e saudável.

Num estado de profundo relaxamento, você entrará em contato com a parte da sua mente inconsciente responsável pelas condições do seu corpo, dirigindo-se a ela com respeito e espírito amigável. Por exemplo, se você acha que seu peso é um problema, a parte da sua mente inconsciente responsável por isso é uma serva dedicada, uma guardiã. Ao fazer com que você fique acima do peso, essa guardiã está tentando ajudá-lo e protegê-lo. Num estado de transe profundo, ela pode criar novas maneiras de atender à sua intenção positiva, deixando que seu corpo volte a ser natural e saudável outra vez. Desse modo, você chega a um entendimento com o mecanismo corpo-mente e com sua capacidade de se curar.

3. Um transe de cura, que aprofunda a compreensão de que seu corpo, sua mente e sua alma são uma coisa só.

Antes de começar a usar essa técnica, contudo, conheça alguns pontos importantes:

Primeiro:

É importante lembrar que **a dor e outros sintomas recorrentes de problemas físicos podem ser uma indicação da existência**

de uma doença grave. Essa técnica é apresentada partindo-se do pressuposto de que você consultou um médico para saber se está saudável.

Segundo:

Osho diz que **a técnica de falar com a mente e o corpo pode ser usada para qualquer coisa que o corpo seja capaz de realizar, algo que já esteja dentro de sua capacidade.** Se você pedir ao corpo para fazer algo que para ele é impossível, a confiança será arruinada e a técnica não funcionará. "Se você não tem olhos", diz Osho, "como pode dizer ao corpo para enxergar?" Mas, para coisas comuns, como enxaquecas, dores no corpo e outras funções que estão dentro da capacidade do corpo de se curar, esse método pode ser muito útil.

Terceiro:

Não fale diretamente com o desconforto ou com a doença. A doença não faz parte do seu organismo, é algo externo; na verdade, é algo *contra* o organismo. Você precisa falar com o cérebro/corpo, não com o desconforto em si. E, quando já estiver bem, agradeça ao cérebro e ao corpo por deixar que o desconforto tivesse um fim. Basicamente, estamos falando com o cérebro para que ele fale com o corpo, mas nós não conhecemos a linguagem dele. Sabemos que, se dizemos para o braço levantar, ele levanta, seguindo as instruções da mente. Mas, nos trabalhos interiores do corpo-mente, não sabemos exatamente qual é a instrução exata que o corpo seguirá. Osho diz: "Esta é a verdadeira trindade – alma, mente e corpo. A alma não pode fazer nada diretamente; ela é quem pede para a dor ir embora. O cérebro tem de falar com o corpo."

Osho deu as sugestões a seguir para pessoas que fazem essa meditação. Podem ser úteis a você:

Perda de peso: "Primeiro, diga ao cérebro que você está mandando uma mensagem para o corpo e que deve transmiti-la. Então, simplesmente diga ao corpo que ter x quilos a menos seria o ideal para você. Não fale de comida. Diga ao corpo que você precisa ter alguns quilos a menos. Quando chegar ao peso ideal, diga ao corpo para mantê-lo e que não há necessidade de perder mais ou de ganhar peso."

Enxaqueca: "Fale para o corpo todo que sua ajuda é necessária para dissipar a dor de cabeça. Explique ao corpo que a dor não é natural. Não há por que carregá-la. Então se dirija diretamente ao cérebro, usando suas próprias palavras: 'Eu amo você, mas esta dor não faz parte da sua natureza e é hora de livrar-se dela.' Quando a dor se for, lembre ao cérebro que não deve trazê-la de volta."

Preparação para a meditação

Tornar-se o seu melhor amigo é o mais profundo aprendizado dessa meditação de cura.

Portanto, antes de começá-la, tome providências para não ser incomodado durante uma hora, para que possa relaxar profundamente durante o processo.

Deixe uma coberta por perto, caso sinta frio.

Fique alguns minutos pensando sobre a parte do seu corpo ou sintoma com que gostaria de trabalhar nesse dia. Então, fique na posição mais confortável possível e coloque o CD para tocar. Não precisa fazer mais nada.

PARA MAIS INFORMAÇÕES SOBRE ESSE PROCESSO
E SOBRE OSHO, VISITE:

www.osho.com

Esse processo de conscientização corporal é oferecido em cursos ministrados pelo Osho International Meditation Resort e em muitos lugares ao redor do mundo. Em geral, é praticado uma vez por dia, durante uma hora, ao longo de sete dias. Para informações mais detalhadas sobre o programa de cursos, verifique o endereço www.osho.com/bodymindbalancing

Osho International Meditation Resort

O Osho International Meditation Resort é um lugar onde se pode ter uma experiência pessoal e direta de uma maneira de viver muito mais alerta, relaxada e divertida. Localizado 160 quilômetros a sudeste de Mumbai, em Puna, na Índia, o resort oferece uma variedade de programas para os milhares de pessoas que o visitam a cada ano, vindas de mais de 100 países ao redor do mundo. Para mais informações, visite o site www.osho.com/resort

SOBRE O AUTOR

Os ensinamentos de Osho desafiam qualquer categorização, pois tratam de temas muito variados, desde a busca individual por significados até às questões políticas e sociais mais urgentes da atualidade. Seus livros são transcritos de palestras dadas ao redor do mundo durante um período de 35 anos. Osho já foi descrito pelo *Sunday Times*, de Londres, como "uma das mil pessoas que fizeram o século XX" e pelo autor norte-americano Tom Robbins como "o homem mais perigoso desde Jesus Cristo".

Sobre seu próprio trabalho, Osho dizia que estava ajudando a criar as condições para o nascimento de um novo tipo de ser humano. Com freqüência, ele definiu esse novo ser humano como "Zorba, o Buda" – capaz de aproveitar tanto os prazeres terrenos de Zorba, o grego, como a serenidade silenciosa de Buda. O fio condutor dos trabalhos de Osho é a visão que inclui a milenar sabedoria oriental e o potencial infinito da ciência e da tecnologia ocidentais.

Osho também é conhecido por sua revolucionária contribuição para a ciência da autotransformação, com uma abordagem da meditação que leva em consideração o ritmo acelerado da vida moderna. Sua técnica de "meditação ativa" foi criada para liberar o estresse acumulado na mente e no corpo, facilitando assim a experiência do estado relaxado e despreocupado da meditação.

Osho International / New York
E-mail: oshointernational@oshointernational.com
www.osho.com/oshointernational

CONHEÇA OUTROS TÍTULOS DO AUTOR

Meditação – A primeira e última liberdade

Nesse livro essencial, Osho vira de cabeça para baixo a noção tradicional de meditação ao mostrar que ela não precisa ser uma atividade separada da vida cotidiana e do mundo real.

Em sua essência, meditar é apenas a arte de estar perceptivo a tudo o que acontece dentro e ao redor de nós. À medida que praticamos a meditação, ela pode se tornar nossa companheira em qualquer lugar e em qualquer situação: no trabalho, no trânsito, no banho, quando estamos nos divertindo, descansando ou chorando.

Meditação – A primeira e última liberdade ensina, passo a passo, mais de 30 técnicas de meditação e relaxamento selecionadas ou criadas por Osho que ajudarão você a lidar com as tensões e agitações da vida moderna.

Reconhecendo que é quase impossível para a maioria das pessoas parar e sentar-se em silêncio, Osho apresenta algumas de suas Meditações Ativas, que começam com atividades físicas vigorosas. Elas ajudam a elevar nossa energia física e mental e induzem a calma que se segue, tornando-nos alertas, revigorados e energizados.

Descubra o poder da alegria, da paz interior, da compaixão, da comunhão e da paciência deixando-se levar pela sabedoria politicamente incorreta que fez de Osho um dos maiores ícones da cultura oriental moderna.

Uma farmácia para a alma

Esse livro sugere 100 remédios holísticos para as mais diversas aflições do dia-a-dia. Cada seção começa com a descrição e o diagnóstico de uma doença emocional ou física e lista uma série de tratamentos indicados – técnicas de alongamento, meditações, exercícios de respiração e de risadas, vocalizações, visualizações e massagens.

O livro traz ensinamentos práticos de Osho para deixar de roer as unhas e parar de fumar, desbloquear a energia sexual e até mesmo resolver problemas de insônia e depressão. E é ilustrado por comentários poéticos, bem-humorados e esclarecedores que mostram como entrar em harmonia consigo mesmo e como liberar o estresse e a tensão acumulados no corpo e na alma.

Trata-se de um livro indispensável para aqueles que já são adeptos da meditação e estão sempre em busca de novas fontes de inspiração. E também para os principiantes, ainda em seus primeiros passos rumo a uma vida saudável, relaxada e cheia de alegria espontânea.

Com um formato prático, *Uma farmácia para a alma* aborda temas como:

- Estresse e tensão física
- Resgate da autoconfiança
- Vitalidade física e emocional
- Mudança de humor
- Sexualidade
- Alimentação

Aprendendo a silenciar a mente

Meditação é sentar-se sem fazer nada – não usar seu corpo nem sua mente. É parar de pensar e deixar que a mente, sempre tagarela, silencie por conta própria. Sem esforço, de forma relaxada, fácil, como se fosse um jogo.

Nesse livro, você vai se encantar com o jeito leve e irreverente como Osho traduz conceitos espirituais e com sua capacidade de contar histórias. E descobrirá que, ao trocar as palavras pelo silêncio, você verá a vida com maior clareza e criatividade e tornará seu dia-a-dia mais intenso e cheio de alegria.

Faça o seu coração vibrar

Ao longo da vida, juntamos centenas de respostas para as nossas perguntas, mas raramente nos questionamos sobre elas. Na maior parte das vezes, aceitamos a resposta que o mundo nos dá e seguimos adiante, sem pensar muito a respeito.

É essa falta de questionamento sobre as coisas que nos leva a ter uma vida superficial, na qual nossos verdadeiros desejos e expectativas são sufocados.

Faça o seu coração vibrar é uma coletânea de pensamentos que nos incentiva a ver o mundo por um ângulo diferente, expandindo nossa visão sobre a vida. Cada texto oferece novos e surpreendentes sentidos para um dos temas que fazem parte do nosso dia-a-dia, como amor, relacionamentos, inteligência, poder, fé, trabalho e realização.

A sabedoria provocante de Osho, um dos mais polêmicos líderes espirituais do século XX, nos faz refletir sobre o peso que atribuímos à opinião dos outros e aos nossos próprios ideais, além de nos ajudar a centrar nossa atenção no momento presente e nas coisas que realmente valem a pena.

O livro da transformação

As histórias e parábolas desse livro são ferramentas para a autodescoberta. Cada uma delas aponta para um caminho de renovação e mudança acessível a cada um de nós. São ensinamentos preciosos que nos instigam a buscar a verdade dentro de nós mesmos e a alimentar a nossa percepção.

O livro da transformação utiliza as mais tradicionais fontes de sabedoria do mundo. Há histórias sobre a paixão e o amor de Jesus, assim como sobre a pureza e a sabedoria de Buda. E como essas importantes lições são contadas de forma simples mas contundente, elas tocam fundo nossos corações.

Lembraremos dessas histórias e parábolas inúmeras vezes no nosso dia-a-dia e nos identificaremos com as dores, os questionamentos e as alegrias dos personagens. Pouco a pouco, vamos desvendar os "certos" e "errados" que nos governaram até agora. E, assim que nos libertarmos desse peso, descobriremos um grande espaço aberto dentro de nós, o terreno fértil onde a verdadeira transformação pode criar raízes e crescer.

CONHEÇA OS 30 CLÁSSICOS DA EDITORA SEXTANTE

O monge e o executivo, de James C. Hunter

Você é insubstituível, Dez leis para ser feliz, Pais brilhantes, professores fascinantes e *Nunca desista de seus sonhos,* de Augusto Cury

O Código Da Vinci e *Anjos e Demônios,* de Dan Brown

Jesus, o maior psicólogo que já existiu, de Mark W. Baker

Por que os homens fazem sexo e as mulheres fazem amor?, de Allan e Barbara Pease

O que toda mulher inteligente deve saber, de Steven Carter e Julia Sokol

Muitas vidas, muitos mestres, de Brian Weiss

Enquanto o amor não vem, de Iyanla Vanzant

Não leve a vida tão a sério, de Hugh Prather

A última grande lição e *As cinco pessoas que você encontra no céu,* de Mitch Albom

Um dia "daqueles" e *Querida mamãe, obrigado por tudo,* de Bradley Trevor Greive

Palavras de sabedoria, de Sua Santidade, o Dalai-Lama

A vida é bela, de Dominique Glocheux

1.000 lugares para conhecer antes de morrer, de Patrícia Schultz

Transformando suor em ouro, de Bernardinho

Os segredos da mente milionária, de T. Harv Eker

Mantenha o seu cérebro vivo, de Lawrence Katz e Manning Rubin

O Poder do Agora, de Eckhart Tolle

O poder da paciência, de M. J. Ryan

Aprendendo a gostar de si mesmo, de Louise Hay

A arte da meditação, de Daniel Goleman

A Boa Sorte, de Álex Rovira Celma e Fernando Trías de Bes

O ócio criativo, de Domenico De Masi

A Dieta do Abdômen, de David Zinczencko e Ted Spiker

INFORMAÇÕES SOBRE OS PRÓXIMOS LANÇAMENTOS

Para receber informações sobre os lançamentos da EDITORA SEXTANTE, basta enviar um e-mail para atendimento@esextante.com.br ou cadastrar-se diretamente no site www.sextante.com.br

Para saber mais sobre nossos títulos e autores, e enviar seus comentários sobre este livro, visite o nosso site www.sextante.com.br

EDITORA SEXTANTE
Rua Voluntários da Pátria, 45 / 1.404 – Botafogo
Rio de Janeiro – RJ – 22270-000 – Brasil
Telefone: (21) 2286-9944 – Fax: (21) 2286-9244
E-mail: atendimento@esextante.com.br